デキる「特別支援教育コーディネーター」になるための30レッスン&ワークショップ事例集

小野寺基史・青山眞二・五十嵐靖夫 編著

明治図書

はじめに

　「特別支援教育」が始まってすでに7年が経過しました。皆さんは，この特別支援教育がどのように進んでいるとお感じになっているでしょうか…？

　その辺の実情について，ある教育委員会関係者は「もう5年待って下さい」とコメントしたそうです。その根拠を尋ねると，「5年経つと，特別支援教育を知らないまま管理職になる教員はいなくなる」との回答でした。なるほど，確かに，発達障害や特別支援教育を本当のところで理解するには，発達障害等の子どもたちと出会う担任時代の経験が不可欠でしょうし，ニーズに応じた教育とはどのようなものか身をもって体験しなければ，これからの学校運営に十分対応していくことは難しいかもしれません。しかし，今，私たちがしなければならないことは5年間指をくわえて待つことではなく，現在の特別支援教育では何ができていて何ができていないのか，今は何ができるのかをしっかり現状分析し，必要な対策に粛々と取り組んでいくことであると考えています。

　私たちは，平成21年，発達障害の子どもたちが示す「困り感」に焦点を当て，彼らの思いや行動を解釈し，改善に向けた具体的な支援について「発達障害児へのピンポイント指導」という書籍にまとめて明治図書から出版しました。おかげ様で，読者の方々からたくさんの感想をいただきましたが，その中で「いかに上手に指導するかはわかるが，そのための子どもの見取りをどうやってするのか？」「指導方針が立ってもそれを実行するための環境整備が整っていない」「一所懸命やっても仲間からの理解や援助が得られない」など，指導がうまくいかない原因について様々なご指摘をいただきました。

　このようなご意見をいただく中，特別支援教育を推進していくためのキーワードは，「精度の高いアセスメント」とそれに対応した「適切な指導」であり，学校全体がチームを組んで取り組むための「システムづくり」であると考えました。そして，そのキーパーソンとなるのが「特別支援教育コーディネーター」であり，彼らの力量アップが何よりも急務であると実感しました。

　そこで，私たちは平成23年，「アセスメント」「指導」「校内支援体制」をパッケージとした3時間の研修プログラムを作成し，特別支援教育コーディネーターを中心とした研修会を全道各地を回って実施し，大変好評をいただきました。

本書はこの３時間の研修内容を再現する形で，読者の皆さんにも実際に本研修会に参加していただき，今日から"デキる特別支援教育コーディネーター"になっていただくことを目指して刊行しました。

　尚，本書の刊行に当たっては，アイディアの少ない私たちに斬新かつ適切なアドバイスをしていただいた佐藤智恵さん，すでにご勇退されたとのことですが，長い間，本の出版という形で特別支援教育を牽引され，また，今まで私たちを陰ながら応援して下さった三橋由美子さんのこれまでのご支援に心から感謝いたします。また，「ピンポイント指導」に続き，今回もまた，子どもの生活の様子や学校風景を心優しく描いて下さった前幌西小学校長の菅原清貴先生にも心から感謝いたします。

平成25年12月

編著者　小野寺基史・青山眞二・五十嵐靖夫

もくじ

はじめに

第1章 デキる特別支援教育コーディネーターを目指して ……………………… 9

1 障害の3つのかべ ……………………………………………………… 10
2 みんなちがってみんないい ……………………………………………… 11
3 タイプの違いによるあつれき …………………………………………… 12
4 指導と支援 ………………………………………………………………… 13
5 特別支援教育コーディネーターに求められる3つの要素 ………… 14
6 デキる特別支援教育コーディネーターを目指して ………………… 14

第2章 デキる特別支援教育コーディネーターになるための全30レッスン ……………………… 17

Lesson 1 「適切な子ども理解」～心理アセスメントの理解と活用～ 18

1 配慮を要する子どもたち：子どもたちはこんなところで困っています ……… 18
2 発達障害とは：発達障害と言われる子どもたちの行動特性 ……………… 20
3 子ども理解の視点：子どもを適切に理解するための多面的視点 ………… 22
4 発達の評価：子どもの発達をどのように測定するのか？ ………………… 24
5 行動の評価：子どもの行動をどのように理解するのか？ ………………… 26
6 知能の評価：知能検査は子ども理解にどのように役立つの？ …………… 28
7 知能検査の結果の解釈：知能検査の結果の読み取り ～WISC-Ⅳの場合～ …… 30
8 認知機能の評価：認知機能の偏りと子どもの行動の関係は？ …………… 32
9 認知機能の偏りと学習：認知機能の偏りと子どもの学習の関係は？ …… 34
10 心理検査の解釈と活用：検査結果の解釈と活用の仕方は？ ……………… 36

Lesson 2　「適切な指導」　〜アセスメントに基づいた指導〜　38

1　強い能力の活用：長所活用型指導とは？ ……………………………………… 38
2　継次処理型指導と同時処理型指導：認知処理と指導方略① ………………… 40
3　強い認知処理様式を生かす：認知処理と指導方略② ………………………… 42
4　事例1：計算につまずきのある小学生 ………………………………………… 44
5　事例2：平仮名の読みが苦手な小学生 ………………………………………… 46
6　事例3：漢字の読みが苦手な中学生 …………………………………………… 48
7　事例4：作文が苦手な小学生①「認知機能の偏りは？」 ……………………… 50
8　事例5：作文が苦手な小学生②「概念地図の活用」 …………………………… 52
9　ピンポイント指導とは：子どもの行動を解釈する …………………………… 54
10　優れた実践者から学ぶ：個に応じた指導とは ………………………………… 56

Lesson 3　「適切な支援」　〜校内支援体制の確立を目指して〜　58

1　苦悩する教師たち：これが現実？　サポートが得られない中で …………… 58
2　校内支援体制を構築する上での諸課題①：学級の中で起こっている問題 … 60
3　校内支援体制を構築する上での諸課題②：
　　担任や他の教員，管理職が感じている問題 …………………………………… 62
4　校内支援体制を構築する上での諸課題③：
　　学校システムやその他のシステムの問題 ……………………………………… 64
5　事例から学ぼう：1つのケースが学校全体に広がった!! …………………… 66
6　校内委員会の取り組み①：ケース検討会議を開いてみよう!! ……………… 68
7　校内委員会の取り組み②：情報整理は5W1H ……………………………… 70
8　特別支援教育コーディネーターってこんな人？：
　　特別支援教育コーディネーターに求められる条件 …………………………… 72
9　まとめ1：デキる特別支援教育コーディネーターを目指して① …………… 74
10　まとめ2：デキる特別支援教育コーディネーターを目指して② …………… 76

第3章 ワークショップ事例集 …………………………………… 79

- **ワークショップ1** 運動会に参加できなかった年長幼児Mくん ………… 80
- **ワークショップ2** 授業中すぐ立ち歩いてしまうCくん ………………… 84
- **ワークショップ3** 板書を写すのが苦手なYさん ……………………… 86

第4章 デキる特別支援教育コーディネーターになるためのQ&A …………………………………… 89

Question 1	特別支援教育コーディネーターに指名され戸惑っています。校内支援委員会ってどんなことをする組織ですか？ 何から始めたらいいですか？ … 90
Question 2	特別支援教育コーディネーターとして校内委員会の推進を任されました。校内支援の流れや年間の推進計画について教えて下さい ……………… 92
Question 3	特別支援教育コーディネーターは「個別の指導計画」や「個別の教育支援計画」の作成にどこまで関わるのでしょうか？ ……………………… 94
Question 4	発達障害や特別支援教育についての先生方の理解が得られず支援が進みません。特別支援教育コーディネーターとしてどのように対応すべきですか？… 98
Question 5	通常学級での支援が難しい子どもについてケース検討会議を開きたいと考えています。ケース検討会議のポイントについて教えて下さい ……… 100
Question 6	特別支援教育についての研修会を開きたいと考えています。実りある研修にするためのポイントについて教えて下さい ……………………… 102
Question 7	子どもの主治医や支援を受けている関係機関と，連携をとりたいと考えています。連携のポイントと配慮事項を教えて下さい ……………… 104
Question 8	幼稚園や保育所からの情報が少なく，中学校への引き継ぎもうまくいきません。効果的な情報交流の方法を教えて下さい ……………………… 105
Question 9	次年度入学予定の保護者から，学校見学と就学相談を求められました。就学相談のポイントや配慮事項等を教えて下さい ……………………… 106
Question 10	保護者から，他の保護者や学級の子どもに対して障害告知をしたいとの相談がありました。どう対応すべきか教えて下さい ……………… 107

| Question11 | 保護者が子どもの状況を認めず，懇談会でトラブルを伝えた担任と決裂してしまいました。特別支援教育コーディネーターとしてできることは？……108 |
| Question12 | 保護者から担任の指導力についての苦情や過度の要求がありました。保護者に納得してもらえるような対応の仕方を教えて下さい……………110 |

第5章　デキる特別支援教育コーディネーターからの事例報告集……………113

- 1　**小学校からの事例報告**　特別支援を「身近で有効なもの」と実感してもらうために　114
- 2　**中学校からの事例報告**　中学校のいいところさがし　〜校内資源の発掘〜………116
- 3　**高等学校からの事例報告**　定時制高校の特別支援教育コーディネーターとして必要なこと…118
- 4　**特別支援学校からの事例報告**　特別支援学校が「つなぐ」特別支援教育…………120

第1章

デキる
特別支援教育コーディネーター
を目指して

1　障害の3つのかべ

　記憶は定かではありませんが，以前，小学5年生の道徳の副読本の中に，障害児者に対する3つのかべ（バリア）として下記の3点をあげているものがあったのを覚えています。

・物理的なかべ

・制度のかべ

・○○○のかべ

　さて，3番目の「○○○」の中にはどんなことばが入るかわかりますか？そうです。「こころ」です。スロープやエレベータ等，バリアフリー化された施設設備が充実し，「発達障害者支援法」や「学校教育法」等で特別支援教育の法的整備も進み，物理的なかべや制度のかべはずいぶん低くなったと感じています。しかし，この「こころ」のかべについてはまだまだ十分とは言えず，大きな障壁であると感じています。WHO（世界保健機関）の「国際生活機能分類（ICF）」に「障害はその人の中にあるのではなく，環境との相互関係の中で生じる」という考え方があります。その人が障害と感じるかどうかは，私たちを含めた関係性の中にあるということです。発達障害のAちゃんがB先生と関わっている間は障害を感じていないのに，C先生と関わりだした途端，自分の障害を感じてしまう。まさに障害はAちゃんの中にあるのではなく，C先生との関係の中にあるということです。このように，特別支援教育を推進していく一番の鍵は，「こころのかべ」つまり「人との関係性のかべ」をどのように取り除いていくかにあるように思います。しかし，LD等の発達障害は，肢体不自由のようないわゆる「見える障害」ではなく「見えない障害」とも言われています。指導者が本人のつまずき（困り感）の背景を理解できず，「なぜこんなことができない」「何度言ったらわかるんだ」と，原因を本人の問題，本人の努力不足の問題として片付けてしまうことが少なくないのです。ここに「見えない障害」の難しさがあるように思います。

子どものSOSがわからなければ
困り感は解消しない!!

指導者
・困った子
・手のかかる子
・言ってもわからない子
・何をやってもできない子
問題行動
困り感（つまずき）
・困っているんだけど…
・助けて（手をかけて）ほしい
・何を言ってるかわかんない
・どうすればいいかわかんない
子ども

　上図をご覧下さい。子どもがつまずきを示したり困り感を訴えても，指導者が単に本人の問題として片付けてしまったら，事態は改善するはずがありません。教師にとって一番楽な方法は，本人に「困った子」「手のかかる子」としてレッテルを貼り，解決の糸口を「本人の努力次第」と結論づけてしまうことです。さらには，自分の指導のまずさや拙さの言い訳として，「この子は発達障害だから…」とその原因を発達障害に求めてしまうことなのです。「困った子」から「困っている子」，「手のかかる子」から「手をかけてあげると伸びる子」へ意識を転換しない限り，発達障害の子どもたちへの適切な指導は期待できません。

2 みんなちがってみんないい

あなたはどちらのタイプ…？

	Aタイプ	Bタイプ
①	読みかけの本が3冊以上ある。	1冊の本が読み終わらないと次の本には手を出さない。
②	洋服等にはそれほどこだわりがなく、どちらかといえば、着られればいい。	どちらかといえば、気に入った洋服（ブランド）しか着ない。
③	家事の最中、別の仕事が気になってどんどん他の仕事が増えてしまう。	家事には自分なりの手順があり、手順通り作業を進める。
④	本が本棚に無造作に並べられていても気にならない。	本が本棚に整然と並んでいないと気になり、すぐに直してしまう。
⑤	何もしないでボーッとしていることは苦痛でない。	何かをしていないと気が済まないので、やることを見つけるようにしている。
⑥	コーヒーを入れて飲む時、豆の量は適当に入れる。	コーヒーを入れて飲む時、豆は計量カップできちんと量る。

あなたはどちらのタイプ…？

	Cタイプ	Dタイプ
①	本の斜め読みは苦手。言葉や文意をしっかり捉えながら読む。	本の斜め読みが得意。あらすじや文意を大まかにつかみながら読む。
②	手紙や文章の書き出しは流れが大切で、言葉に詰まるとそこでじっくり考え、なかなか次に進まない。	多少、文意が通らなくても全体をイメージしながら内容を関係づけ、それから体裁を整えていく。
③	話は最初から順番に話さないと相手に伝わらないと思う。	話はまずは結論から言って、経緯や細かいことは、あとから説明した方がいいと思う。
④	新しく購入した電化製品等の組み立ては、取扱説明書を見ながら順番に沿って作業を進める。	新しく購入した電化製品等の組み立ては、なんとなく雰囲気で作業を進め、わからなくなったら取扱説明書を見る。
⑤	人に道案内の説明をする時、道順や標識を順番に示して教える。	人に道案内の説明をする時、地図を描くか、全体的な位置関係を示して教える。

ここでちょっとクイズをしてみましょう。左の表は、私たちの行動や認知のパターンを大きく2つに分けて示したものです。AとBでは全く正反対の行動パターンが示されています。さて、皆さんはどちらのタイプに近いですか。どちらかといえばAタイプ？、いや、Bタイプ？　どちらとも言えないなぁ？などなど…ちょっと考えてみて下さい。

種明かしの前にもう1つ。今度はCタイプとDタイプです。こちらも全く正反対の行動が示されています。いかがですか。

Cタイプ？、Dタイプ？　あなたはどちらのタイプになりましたか？。

それでは、種明かしをしましょう。Aが「ADHD」タイプ、Bは「自閉症」タイプです。次のCが「継次処理」タイプで、Dが「同時処理」タイプです。「継次処理」と「同時処理」についてはあとで解説します。

さて、いかがでしたか。おそらく皆さんの行動パターンも、どちらかのタイプに当てはまるのではないでしょうか。ところが、何と不思議、このクイズを複数の人にやってもらうとグループが見事に2つに分かれてしまうのです。世の中には自分と正反対の認知や行動パターンで生活している人がいるという事実です。そして、反対のタイプの人から見ると、自分の行動がまさに「しんじられな〜い」と思われているのかもしれないのです。

それでは，発達障害の子どもたちの認知や行動のパターンを考えてみましょう。彼らの認知や行動パターンが私たち以上にピュアなものだとしたら，彼らの視点からものを眺めてみようとしない限り，彼らを理解することは不可能に近いということです。「みんなちがってみんないい」と言えるためには，相手の立ち位置からものを見，違いを正しく受けとめ，そして，そのことを自分ごととして理解していくことが大切なのです。

　一応，断っておきますが，今回のクイズはあくまでも「そのような傾向がある」ということですのであまり深刻に考えないで下さいね。

3　タイプの違いによるあつれき

　笑い話ではありませんが，買ってきた本が本棚に入らず，本の上下を切って本棚にぴったり収納させて妙に納得している人がいます。このような人は先ほどの例ではBタイプですね。掃除や後片付けを自分のルールに従って行わないと気が済まない，学校のきまりや交通ルールを守らない人が許せない，なんて人も同じタイプでしょうか。しかし，先ほども述べましたが，世の中にはそれとは全く正反対の考え方や行動をする人がいます。このような場合，学校生活においてどのような問題が起こるのでしょうか。

　いつも「だいたいこんな感じかな？」とアバウトに行動するAタイプのNくん。それに対して，几帳面すぎるBタイプの先生は，Nくんのいい加減さが許せず，自分の教育観から徹底的に細かい指導をしてしまう。結果，とうとうNくんは不登校になってしまった…なんて悲劇が起こってしまいます。生徒間でもトラブルが起きます。授業中，隣に座っているAタイプの生徒に対して，鉛筆の持ち方が気に入らないと執拗に攻撃するBタイプの生徒。給食の食べ方が汚いと友達を大声で罵倒し，喧嘩になってしまう生徒。しかし，本当は指摘した生徒の方が食べ方が汚く，指摘された友達から「お前の方が汚い」と言い返されて喧嘩になってしまうのです。この話には後日談があって，困った先生はお母さんと相談して，給食中の生徒の様子をビデオで撮影することにしました。その夜，自分のビデオを居間でお母さんと見ていた彼は，何を思ったのか突然一言。「母さん，これ俺じゃない!!」その後，給食指導はかなりうまくいったようです。

　さて，Cの継次処理タイプとDの同時処理タイプについても実例をお話しします。

　教育相談の席上，不登校の息子に悩むお母さんは，事の発端からその経緯，現在の状況まで延々と相談員に話しています。かれこれ15分が過ぎた頃でしょうか。隣で話を聞いていた父親がどうもイライラしています。そして一言。「お前，なんでそんなダラダラしゃべっているんだ。結論から先に言えよ。結論から!!」。それを聞いていたお母さんも負けてはいません。「何言ってるの，最初から順番に説明しないと，先生にわかってもらえないじゃない!!」

　まさにこの事例が継次処理と同時処理を見事に言い表しています。

　母親のように物

事を時間軸に沿って，系列的に処理していく情報処理の仕方を「継次処理」と言います。一方，父親のように，順序性より関連性が重視され，全体がまず提示されてから細部に迫っていくような情報処理の仕方を「同時処理」と言っています。

ま，夫婦についてはお互い合意の上で結婚したのですから情報処理の仕方が違っていても特に問題はないのですが，これが教師と子どもの間で起こってしまうと，ちょっとやっかいなことになってしまいます。

例えば，関係づけて覚えることを得意とする同時処理タイプの生徒に，時間軸に沿って順番に説明することを得意とする継次処理タイプの先生が授業を行ったらどうなるでしょう。当然，その逆も同じことが言えます。アセスメントに応じた指導が叫ばれる中，自分の情報処理とは全く正反対の生徒も教室で学んでいることを認識すると，きっともっと良い授業ができると思います。

継次処理と同時処理の具体的な説明は，「Lesson 1 - 8」と「Lesson 1 - 9」で取り扱っていますので，再度，理解を深めていただけると思います。

4　指導と支援

発達障害の児童生徒を受けもつ担任から，よくこんなことを聞くことがあります。「本児だけをひいきするわけにはいかない」「特別扱いできない」「本児のペースに合わせていたら学習が遅れてしまう」などなどです。視力の悪い子や難聴の子には眼鏡や補聴器，座席の工夫などをするのに，黒板の文字を写すのが遅い子に対しては何の配慮もしないとしたら，これは，「ひいき」とか「特別扱い」以前の問題であり，まさに今で言う「合理的な配慮」が求められることになります。中には，他の生徒と同じスピードで文字を写すことができない生徒のために，生徒に板書の文字をデジタルカメラで撮ってプリンタで印字させ，それをノートに貼らせて対応したという発想豊かな教師もいるのです。

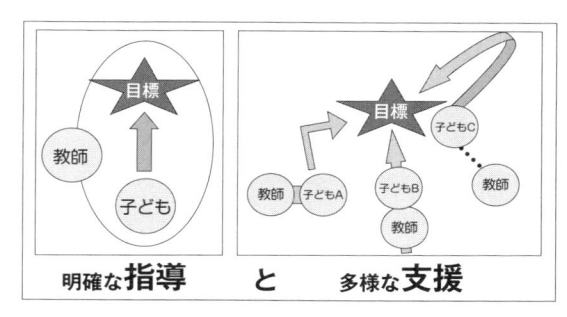

明確な**指導**　と　多様な**支援**

「教育とは涎垂れを紳士にすることだ」というイギリスの格言があります。子どもたちの「人格形成」に向けて，明確な目標をもって指導に当たるのが教育です。しかし，多様な学び方をしている子どもたちに対して，全て同じ方法で支援していくには限界があります。明確な指導目標は掲げつつも，支援の方法は多様に，つまり，時には寄り添い，時には背後から，時には少し離れた距離でといった一人一人の学び方に対する多様な支援が求められているのです。そのためには子どもの発達の特性，知識の量や学び方の違い，学ぶ意欲等のアセスメントを整理し，そのアセスメントに基づいた望ましい支援方法を考えていくことが大切となります。しかし，これを実践するためには，教師１人の力量では太刀打ちできません。抽出しの共有化ではありませんが，同僚や他職種の専門家とチームを組んで，正しいアセスメントと望ましい支援方

法を検討していくことが今の特別支援教育には欠かすことができないものとなっています。そして、そのキーパーソンとなるのが特別支援教育コーディネーターであると考えています。

5 特別支援教育コーディネーターに求められる3つの要素

> (1) 連絡調整に関すること
> (2) 特別な教育的ニーズのある児童生徒や保護者の理解に関すること
> (3) 障害のある児童生徒など教育実践の充実に関すること
>
> 「小・中学校におけるLD（学習障害）、ADHD（注意欠陥／多動性障害）、高機能自閉症の児童生徒への教育支援体制の整備のためのガイドライン（試案）」
>
> 文部科学省（2004）

文部科学省は小中学校の特別支援教育コーディネーターに求められる資質・技能として上の3点を挙げています。

(1)は、学校内外の連絡調整です。学校内では教師間の連絡調整が一番大切となります。特別支援教育はチームを組んでとお話ししましたが、まずは、校内のプロジェクトチームを機能させていくことが大切です。さらに、保護者はもとより教育センターや支援センター、医者や児童相談所等の他職種の専門家との連携を図り、トータルな形での支援を検討していくことが重要です。(2)について、昨今では「発達障害とは何か」といった概論的理解ではなく、アセスメントに基づいた具体的な指導方法が求められています。WISC-ⅣやKABC-Ⅱといった心理検査からの情報をどのように臨床像に結び付けて解釈していくかといった高い技術も必要になっています。そして(3)では、そのアセスメントに基づいて、いかに上手に指導していくか、という精度の高い指導方法の検討とそれを達成するための指導技術の向上が要求されています。

6 デキる特別支援教育コーディネーターを目指して

「スペシャリストは育てることができるが、ジェネラリストは盗んでこい」という話があります。ジェネラリストは生まれ育った環境から生じた性格や資質が重要な部分を占めているので、教えれば育つというものではないようです。望ましい特別支援教育コーディネーターとは、このスペシャリストとしての能力とジェネラリストとしての資質を併せもっていることが望まれます。ジェネラリストの資質については第2章で取り扱うこととして、ここでは先述した文部科学省の3つの要素を参考にスペシャリストとしての専門性について説明します。

> (1)「適切な子ども理解」
>   〜心理アセスメントの理解と活用〜
> (2)「適切な指導」
>   〜アセスメントに基づいた指導〜
> (3)「適切な支援」
>   〜校内支援体制の確立を目指して〜

(1) 適切な子ども理解

　適切な教育は，適切な子ども理解がなされて初めて可能となります。特に学習や他者とのコミュニケーション等でつまずきを示す子どもたちの指導においては，これらのつまずきの原因がどこにあるのかを客観的に把握することが求められています。近年，心理アセスメントを活用した子ども理解の重要性が叫ばれる中，相談機関等からもWISC−ⅣやK−ABC等の検査結果の情報が提供されることが多くなっており，これらの検査から子どもの臨床像を客観的に解釈していくことがコーディネーターはもとより，これからの教員には求められています。

(2) 適切な指導

　実践なき理論は無意味であり，理論なき実践は無力であると言われるように，適切なアセスメントに基づいて指導がなされなければどんな効果も期待できません。ここに，アセスメント（根拠）に基づいた指導の重要性があります。アセスメントに基づいてつまずきの原因を客観的に分析することによって，指導に根拠が生まれ，適切な指導へと導くことができます。また，短所改善型の指導ではなく，子どもの得意な情報処理様式を活用した長所活用型の指導を検討していくことが大切です。指導に当たっては，より具体的・実際的な指導方法の検討が必要です。「ルールが理解できない」「漢字を書くのが苦手」など子どもが苦戦している状況について，具体的な指導法をチームを組んで検討していくことが大切です。

(3) 適切な支援

　子どもの困り感を把握（アセスメント）し，適切な指導がなされても，指導場面が学校という環境においては，校長や特別支援教育コーディネーターはもとより，全職員が共通理解を図り，校内支援体制を構築していくことが大切です。コーディネーターがどんなに有能であってもチームとして機能しなければうまくはいきません。また保護者に対しても，教育相談等を通して理解を深め，学校・家庭が一丸となって適切な支援をしていくことが改善の近道となります。特別支援教育に関わる校内支援体制をどのようにしたら構築できるのか，そのノウハウについて理解することが重要となります。

　さて，第2章では，実際に私たちが各地で実施してきたコーディネーター研修会を読者の皆さんと一緒に再現してみたいと思います。

第2章

デキる特別支援教育コーディネーターになるための全30レッスン

Lesson1
「適切な子ども理解」
〜心理アセスメントの理解と活用〜

Lesson2
「適切な指導」
〜アセスメントに基づいた指導〜

Lesson3
「適切な支援」
〜校内支援体制の確立を目指して〜

Lesson 1

「適切な子ども理解」 ～心理アセスメントの理解と活用～

1 配慮を要する子どもたち

子どもたちはこんなところで困っています

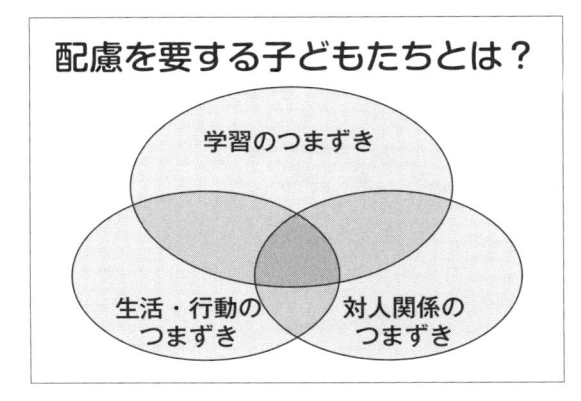

配慮を要する子どもたちとは？

- 学習のつまずき
- 生活・行動のつまずき
- 対人関係のつまずき

1 教室で悪戦苦闘する子どもたち

　学校は，子どもたちに「全人格的な発達」を促すために，毎日盛りだくさんの活動を用意しています。また，そこで用意された活動はどれも重要で，自分の好きなものだけ行えばよいというものではありません。しかし，これらの活動の全てをスムーズに行うことができる子どもはほんのわずかです。大部分の子どもは，うまくできることもあれば，思うようにいかなかったり，悔しい思いをしたりしながら，日々，悪戦苦闘して学校生活を送っているのです。頑張っているのに問題がなかなかクリアできず，それが長く続いて学習意欲が低下し，その場面を回避するといった誤った行動を学習してしまう子もいます。学習に限ったことだけではありません。休み時間中，友達との関わりがうまくできず，仲良くしてもらうことに四苦八苦して，かえって友達に嫌がられ，結局，遊びたいのに一人ぽっちになってしまうといったケースも少なくないのです。

2 学習上でのつまずき

(1) 指を使って計算する子

　計算をする時に指を使って答えを導き出そうとする子がいます。数字は見えているのですが，その数字が意味する「量」を頭の中でイメージすることができず，つい，指を使ってしまうのです。このような子どもは「量概念」が視覚的イメージとして定着していないために，指を具体的な量の代わりとして置き換えているわけです。また，「加える操作」や「減らす操作」をしなければならない時に指を使う子もいます。この場合は，まず数量を指に置き換えて見えるようにし，それから「加える操作」や「減らす操作」をしようとしているわけです。なんとか計算しようとして，指を使っているわけですから，頭ごなしに「指を使うな」というのはかわいそうですよね。

(2) 文字の読み書きが苦手な子

　おしゃべりはとっても流暢なのに，文字の読み書きがスムーズにできない子がいます。文字が全く読めないのではなく，1文字ずつゆっくり時間をかけると読んだり書いたりはできます。しかし，逐語読みになってしまうため，文節としての意味が捉えられず，読んでもわからない，面白くないということにな

っていきます。文の読み書きは，国語の時間だけではなく，全ての学習に影響するため，他に問題がなくとも学習全般に遅れが見られるようになります。こんな子どもには，先生が代わりに文を読んであげると内容が理解でき，意味もわかるようになります。「読めばわかる」といった考えを一方的に押し付けても，根本的な解決にはつながりません。

3　生活や行動上でのつまずき

(1) 落ち着きのない子

授業中，常に，友達にちょっかいをかけたり，車の音が聞こえる度に窓の外をのぞいてしまったりする子がいます。こうした子どもは，「落ち着きのない子」というレッテルを貼られがちですが，いつも落ち着きがないわけではありません。大好きなことをしている時には，ものすごい集中力を見せるのも，この子たちの特徴なのです。

(2) 忘れ物が多い子

クラスには，忘れ物名人と言われる子が必ず数人はいるものです。彼らは，話を聞いていないわけではなく，指示された時にはちゃんと覚えているのです。しかし，帰宅後，他のことに気を取られ，つい忘れてしまうようです。彼らが忘れてしまうのには，それなりの理由があるはずです。忘れ物を「家庭の問題」として片付けるのではなく，なぜ忘れてしまうのかを考えていくことが重要なのです。

4　対人関係上のつまずき

休み時間になると，いつも1人だけ級友から離れて，お友達の様子を眺めている子がいます。お友達に関心がないわけではありません。一緒にうまく遊ぶことができず，いつの間にか孤立してしまうのです。悪気はないのですが，思ったことをそのまま口にして「嫌な子」とレッテルを貼られたり，「喧嘩の原因を作る子」として問題児扱いされたりすることも少なくありません。学級という集団生活を長時間過ごす彼らには，対人関係の問題は非常に大きな問題と言えます。

5　配慮を要する子ども

クラスには，色々な個性をもった子どもたちが集まっています。基本的には，一人一人の個性を尊重した指導が理想的な教育と言えます。しかし，彼らの個性が時には学級活動場面でつまずきとなってしまうことも少なくありません。彼らが示す不適応症状は，明確な回避行動や反抗的な行動として現れることもありますが，それが水面下で生じていて，私たちからは把握することができない場合もあります。学習上のつまずきであれ，日常生活や対人関係の問題であれ，子どもたちが示すつまずきにいち早く気付き，可能な範囲で配慮や支援を行っていく必要があります。どのような配慮や支援をすべきかは，一人一人のつまずきに応じて，個別に検討していく必要があります。

文部科学省の調査（2012）では，小中学校で学習や行動・対人関係等で配慮を要する子どもが約6.5％いることが明らかとなっています。学級の2～3人は少なくても配慮の必要な子どもが存在しているということになります。

Lesson 1

2　発達障害とは

発達障害と言われる子どもたちの行動特性

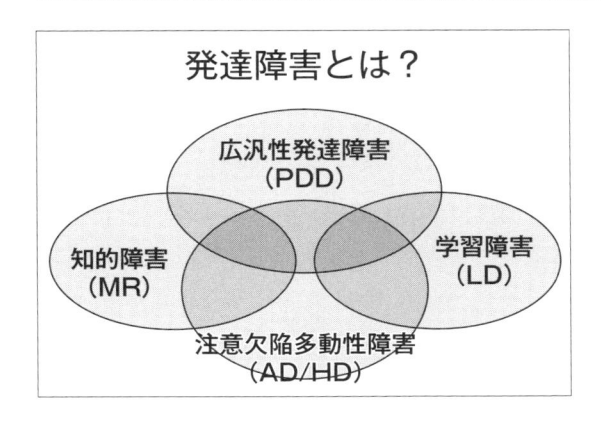

発達障害とは？

- 広汎性発達障害（PDD）
- 知的障害（MR）
- 学習障害（LD）
- 注意欠陥多動性障害（AD/HD）

1　子どものつまずきと発達障害

　Lesson1-1で述べた通り，学級には，学習でつまずきを示す子や対人関係等でつまずきを示す子など，様々な活動の中で悪戦苦闘している子どもたちがいます。近年，こうした子どもたちの中に「発達障害」を疑うケースがかなりの割合でいると言われています。対人関係を含めた社会性に弱さのある「広汎性発達障害」，行動上で問題を示す「注意欠陥多動性障害」，学習上で特異的な落ち込みを示す「学習障害」などが「発達障害」として挙げられています。全般的な発達の遅れを示す「知的障害」も発達障害です。通常学級にいる定型発達の子どもたちでさえ，大なり小なり何らかの課題があるわけですから，まして発達障害の子どもたちには，その障害特性に配慮した適切な支援が必要となります。発達障害は脳に何らかのトラブルを生じているわけですから，単なるお説教で解決できるものではありません。

2　知的障害（MR）

　知的障害は様々な原因で生じますが，一般的には，発達全般に遅れが見られる一群を指します。乳幼児期から運動発達や認知発達で遅れが見られますが，特に言語発達における顕著な遅れが大きな特徴と言えます。このため，学習はもちろんのこと，他者とのコミュニケーションや社会性といった生活に不可欠なスキルの形成が進まず，様々な場面でつまずきを示すことになります。

　知的障害の定義では，知的機能が平均より大きく逸脱しており（WISC-ⅣではFSIQが70以下），併せて，生活上の制約が生じている場合を言います。また，知的発達の状況に応じて，知的障害を，「軽度（55～70）」「中度（40～55）」「重度（25～40）」と分類することがあります。また，通常学級に在籍する知的障害児の多くは，「軽度」から「グレーゾーン（70～80）」に位置します。

　知的障害の子どもたちは，ことばの問題が大きく，特に「概念化」や「抽象的思考」に弱さが見られるため，子どもにとってわかることばを選択し，より具体的・実際的な活動を通して指導することが大切です。

3　広汎性発達障害（PDD）

　広汎性発達障害は，社会性に著しい弱さをもった一群で，自閉症を中心とした一群とも言えます。自閉症は，以前，育児方法に問題があると言われた時代もありましたが，今では脳の機能障害による疾患として捉えられて

います。また，自閉症は様々な症状を示し，その程度は子どもによって大きく異なります。ことばを全く発しない子から，流暢にことばを操る子までいます。ですから，「自閉症」を1つのイメージで語ることは大変危険なことです。最近では，自閉症を「スペクトラム（連続帯）」として考えるべきだという主張もあり，自閉症像は千差万別と言えます。

自閉症の特徴として「三つ組」と言われるものがあります。1つは「社会性の問題」，2つ目は「コミュニケーションの問題」，そして3つ目が「想像力の問題」です。「社会性の問題」では，集団から孤立したり，ルールにしたがって行動できない等の問題が挙げられます。「コミュニケーションの問題」では，音声言語によるコミュニケーションが難しい子もいれば，ことばが流暢に話せても，ことばの意味を字義通りにしか理解できない子もいます。「想像力の問題」では，目に見えるものは比較的理解できるのに，目に見えない他者の感情等を想像することができないために，友達とトラブルになることがあります。

自閉症は知的機能の低い子から高い子まで幅広く存在すると言われています。特に，通常学級には，知的発達に遅れが見られない「高機能自閉症」や「アスペルガー症候群」と言われる子どもたちが在籍しています。彼らの特性を十分理解した上で支援していくことが求められています。

4 注意欠陥多動性障害（AD/HD）

注意欠陥多動性障害は，「多動性」「衝動性」「不注意」に関する症状で規定されています。診断においては，これら全ての症状を満たす必要はなく，行動特性から「多動性・衝動性」が顕著なタイプと「不注意」が顕著なタイプ，及び「混合型」の3タイプに分類されます。

「多動」という行動特性は年齢とともに減少していきます。幼少時は絶えず動きまわっていても，学齢期になるとその傾向は薄れていきます。しかし，多動という特性が全くなくなるというわけではなく，動き自体が小さくなると考えた方がよいでしょう。「不注意」については，集中力がなかったり，ケアレスミスが多かったり，時にはボーッとしていて話を聞いていないといった状態を指します。

5 学習障害（LD）

学習障害は，知的な遅れがないにもかかわらず，特異的な学習の遅れを示す場合に適用される障害名です。つまり学習に関する症状がその特徴となっています。文部科学省（1999）の定義では，学習の特異的な遅れについて「…聞く，話す，読む，書く，計算する又は推論する能力のうち特定のものの習得と使用に著しい困難を示す様々な状態…」と規定しています。実際には，計算障害や読み障害，書字障害等の症状として現れます。1年生では小さなつまずきだったものが，学年が進むにつれて同級生との差が開いていき，他の教科への影響も大きくなっていきます。このため，高学年では，学習意欲が低下し，学習全般でつまずきが見られるようになることも少なくありません。

Lesson 1

3 子ども理解の視点

子どもを適切に理解するための多面的視点

子ども理解の視点

- 発達論
  - 身体的発達
  - 粗大運動
  - 微細運動
  - 言語発達
  - 対人関係
  - 読み
  - 書き
  - 計算 etc.
- 行動論
  - 因果関係
  - 原因
  - 結果
  - 頻度
  - 強化因
  - 環境
  etc.
- 認知論
  - 知的機能
  - 記憶
  - 情報処理
  - 聴覚vs.視覚
  - 同時vs.継次
  - 注意
  - 計画能力
  etc.

1 子どもの多面的理解

　子どもたちのつまずきは，複数の様々な原因が絡み合って生じていることがほとんどです。ですから，子どものつまずきを理解するためには，できる限り多くの情報を収集し，多面的に検討する必要があります。またそれらの情報は，子どものつまずきとどのような関係があるのか，どの程度信憑性はあるのかということもしっかりと見極めなければなりません。なぜなら，つまずきの主要な原因をいくつか特定することにより，初めて効果的な対策が講じられるからです。子どものつまずきを理解し，適切に対処するためには，「的を射た情報」をどれだけ集めることができるか，そしてそれらの情報をいかに有機的に統合できるかにかかっていると言えます。「的を射た情報」の視点として，ここでは「発達論的視点」「行動論的視点」「認知論的視点」の3点から述べていきます。

2 発達論的視点からの子ども理解

　子どもたちは日々，様々な活動を通して成長していますが，成長の仕方は一人一人みな異なります。また一口に成長といっても，身長や体重といった「物理的側面」，運動技能や言語機能といった「機能的側面」，さらには知識等の「質的側面」等，様々な側面から捉えることができます。そして，一人一人の子どもに適切な指導を行うためには，このように多面的な視点から子どもを捉えることが大変重要になります。なぜなら，指導目標と指導内容は，子どものレディネス（準備性）に基づいて組まれているからです。例えば，数量の指導を行う場合，「1対1対応」ができるか，「1～9までの数詞」は知っているか，また「数詞と量との一致」はどの程度できているか等によってその子の指導内容が決まります。子どもが，今，どのような発達段階にあるのかという情報は，指導を進める上で大変重要な情報となるのです。こうした発達論的視点からの情報は，一般的な発達検査はもちろんのこと，日々の学習活動における実態把握のためのテスト等も大切な情報となります。学習に限らず，友達関係や遊びといった日常生活からの情報も子ども理解には大変有益です。こうした情報を丁寧に拾い上げ，子ども一人一人の「得意な部分」と「苦手な部分」を十分理解することによって，効果的な指導ができるものと思われます。

3　行動論的視点からの子ども理解

　学校での指導は，その指導原理として「学習理論」がベースとなっています。子どもが何らかの行動を起こし，その行動が定着することを「学習」と言います。例えば，自分の名前が書けるようになることも，また自転車に乗れるようになることも全て「学習」なのです。もちろん，気に食わない時に駄々をこねたりする困った行動も「学習」に含まれます。私たちの行動の大部分は「学習」によるものと考えてよいわけです。学校での活動は，まさに「学習」の連続です。だからこそ，学習を促進させようとしている教師は，その「学習」のメカニズムを理解した上で，指導を進める必要があるのです。望ましい行動を学習させるにはどうしたらよいか，望ましくない行動を減らすにはどうしたらよいか，それぞれの行動を分析して初めて適切な対応が可能になるのです。そのためには，なぜその行動が起きるのか，なぜその行動が繰り返されるのかを考えていくことです。一般論ではなく，一人一人の行動を丁寧に分析していくことで，初めてその行動の意味が見えてくるのです。

　行動論的視点とは問題となる行動の因果関係を分析することにより，子どもの行動を理解しようとするものです。一般的に，行動論的に子どもを理解しようとする場合は，行動を起こすきっかけとなる「先行刺激」と，行動の結果に付随する「強化因」について分析することになります。また，「強化因」についても，どのような与え方（強化スケジュール）が適切かを検討することによって，適切で効率の良い指導が可能となります。

4　認知論的視点からの子ども理解

　子どもが周囲の様々な刺激を取り込んで何らかの反応を引き起こすことは，学習理論で述べた通りです。しかし実際には，教師が提示した教示や教材といった刺激が，子どもにどのように認知されたかによって，子どもの反応は大きく変わってきます。それは，子ども一人一人の認知特性に大きく影響されるからです。ですから，子どもの認知特性を理解しないと，本当の意味で，子どものつまずきを理解したことにならないのです。これまで，認知に関する研究は数多くなされていますが，その中でも「多重貯蔵モデル理論」や「PASS理論」は，子どものつまずきに対する有用な情報を与えてくれます。

　例えば，「多重貯蔵モデル理論」では，学習が進まない理由は「短期貯蔵庫」に制約があるためなのか，「長期貯蔵庫」での検索がスムーズにいかないためなのか等を検討することができます。また「PASS理論」では，情報を取り込む際の「注意」に問題があるのか，「符号化」という入力された情報の処理過程が問題なのか，または，それらをコントロールしている「計画」機能に問題があるのか等から分析することができます。このことについては，Lesson 1 - 8 で詳しく説明します。

Lesson 1

4 発達の評価

子どもの発達をどのように測定するのか？

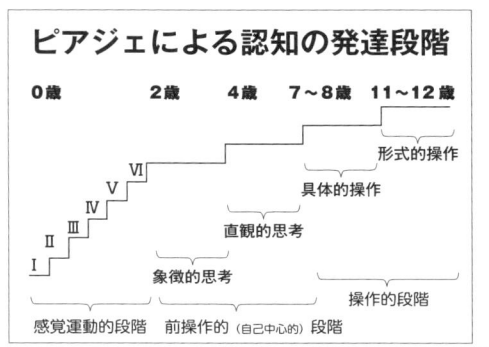

岡本夏木：ピアジェ，J.「発達の理論をきずく」（別冊発達4，ミネルヴァ書房，1986.）を参考に作成

1 子どもの発達検査

　子どもたちは，身体発達はもちろんのこと，言語発達や運動発達，また社会性の発達といった様々な側面から成長しています。上記の「ピアジェの認知発達」の図では，言語発達の側面からの質的変化を示しています。生まれたばかりの子どもは「ことば」という道具をもっていませんので，視覚や聴覚だけではなく，触覚や臭覚・味覚等の感覚を用いて外界を認識しようとします。これが「感覚運動的段階」です。そして生後12カ月前後で意味のあることばを発し，生後18カ月前後でことばの数は30～50に増え，24カ月くらいになると200～300語まで増大していきます。やがて，獲得したことばを思考の道具として「象徴的思考」や「直観的思考」「具体的操作」「形式的操作」と変化していきます。学校教育のプログラムは基本的にはこうした認知発達を前提に組まれているわけです。

　しかし，何らかの理由により，それぞれの領域が均一に発達しないことがあります。身体的発達は順調なのにことばの発達が遅い子もいれば，社会性の発達に遅れが見られることもあります。学校教育は基本的には同年齢集団で，同一の発達段階にあることを前提に指導を進めているため，発達にゆがみがあると授業についてこられないこともあります。したがって，子どもに何らかのつまずきや遅れが見られる場合は，子どもの発達段階をしっかりと把握しながら，適切な指導を進めていくことが重要となります。

2 学齢前の発達段階にある場合の検査

　就学児であっても，発達全体に著しい遅れがあれば学齢前の発達段階にあることが予想されます。このような場合には，乳幼児の発達検査を利用することも有効な方法となります。例えば，「遠城寺式乳幼児分析的発達検査法」では，「運動発達」「社会性」「言語」の3領域を簡単に評価することができます。この他にも「新版K式発達検査」や「KIDS乳幼児発達スケール」等もあります。

　特別支援学級や特別支援学校に在籍している子どもであれば，子どもの発達の様子を知る上で，これらの発達検査は有効なものとなります。一方で，高学年であったり知的に高い子どもには，これらの検査では適切な評価ができない場合もあります。

3 言語発達や社会性の発達を測定する検査

　言語発達は，社会生活を営む上で欠くことのできない重要な領域です。特に，学校で様々な学習を進める上で，言語発達の遅れは，知識の習得や思考に大きな影響を及ぼします。したがって，言語の発達に関しては，前述の乳幼児期の発達検査等で調べるほか，言語だけに特化した検査も作られています。例えば，「PVT－R絵画語い発達検査」は，検査者が言う単語に最も近い絵を4つの選択肢から選ぶ検査です。検査対象は，3歳から12歳3カ月までで，15分程度で語いの理解力を測定することができます。

　また言語発達同様に，集団生活をする上で，社会性の発達も重要な要素となります。社会性を測定する検査としては「新版S-M社会生活能力検査」があります。この検査は，幼児から中学生までを対象とし，「身辺自立」「移動」「作業」「意思交換」「集団参加」「自己統制」の6領域で構成されています。各領域の質問に〇×で答えることにより，社会生活年齢（SA）と社会生活指数（SQ）を算出し，社会生活能力の発達における個人内差を見ることができます。また，「ASA旭出式社会適応スキル検査」は，対象が高校生まで実施することができ，「言語スキル」「日常生活スキル」「社会生活スキル」「対人関係スキル」の4領域を測定することができます。このように，言語発達や社会性の発達に関する評価は，日常生活や学習面でのつまずきを理解する上でも重要な情報となるのです。

4 学力等の評価について

　「発達論的視点」という響きは身体的発達のイメージが強く，「学力」とは随分かけ離れた印象がありますが，「学力」も「成長」の重要な要素の1つです。ですから，学校教育は，「学力」という側面から子どもの成長を促していることになります。したがって，子どもの学力がどの段階にあるかを評価することは，子どもの成長を知る上で大変重要であり，特に，学習上つまずきを示す子どもへの具体的な支援を検討する上で欠かすことのできないものとなります。また，この学力の評価は単に知識の量を測定するだけでなく，質的側面から評価することが重要です。計算問題にミスが多い子どもの場合，どのような問題で間違うのか，なぜそのような誤りをしてしまうのか等について，きちんと誤答分析することが大切となります。

　では，具体的に子どもの学力をどのように評価したらいいでしょう。一般的には，日常の学習の様子や単元別テスト，定期テストといった学習の確認テスト等から分析することができます。また，心理検査の1つであるKABC-Ⅱの習得度検査で，「読み」「書き」「計算」等の学力を評価することもできます。このように，教育現場では，インフォーマルなものからフォーマルなものまで，様々な学習評価の機会が用意されていますので，是非，学力という視点からも子どもの発達を理解していただきたいと思います。

Lesson 1

5 行動の評価

子どもの行動をどのように理解するのか？

行動論的子ども理解

・学習を規定している要因の分析

三項随伴性

弁別刺激 → 反応 → 強化刺激

刺激の操作　　強化因操作

★反応を生起させる弁別刺激を検討
★強化刺激が反応頻度をどの程度規定できるか検討

1　子どもの行動と学習理論

子どもたちは，様々な活動を通して色々なことを学んでいます。この「学ぶ」という大部分は「学習理論」によって説明することができます。例えば，教師が「教科書の36ページを開きなさい」と指示すると，ほとんどの子どもは教科書を開きます。上の図で言うと，教師の教示が「弁別刺激」で，教科書を開くという子どもの行動が「反応」であると考えられます。さらに，教師が「すばらしい」とほめることで行動は「強化」されます。このように，学校で行われる「教授－学習」活動の基本は「弁別刺激」「反応」「強化」の3つの要素として捉えることができます。一般に，学習指導案は，教師の指示や説明である「弁別刺激」と，それによって引き起こされる子どもの「反応」を記したものと言えます。

2　弁別操作と子どもの反応

先生が教科書を開きなさいと指示しても，一般的には，全員が一斉に教科書を開くということはありません。何人かの子どもは，全く教科書を開かなかったり，友達の様子を見て，あわてて教科書を開く子もいます。つまり，教科書を開かなかった子にとっては，先生の指示が弁別刺激として機能しなかったことになります。しかし，このようなケースは必ずしもまれではなく，日常的に起きていると考えるべきでしょう。ですから，教師は，どのように指示を出せば，全員の子どもたちに伝わるのかを工夫するのです。しかしそのためには，なぜ子どもが教科書を開かなかったのかを考える必要があります。先生の声が小さかったために反応しなかったとしたら，大きな声で話せばうまくいくかもしれません。声の大きさの問題ではなく，前段のお天気の話の後に話を続けたために聞きもらしてしまったのかもしれません。こんな場合は，前段の話を終えた後に，一呼吸おいて指示を出すと，全員が教科書を開いたかもしれません。このように，子どもの反応が期待通りに生起しない場合は，まずは教師側の弁別刺激を工夫することが大切となります。一方で，教師の特定の弁別刺激が問題を引き起こすこともあります。子どものつまずきを考える時は，まずは，教師の弁別刺激の検討が大切なのです。

3　強化因操作と子どもの反応

小学校1年生の指導においては，まず，学習態度の形成に力を入れることと思いますが，その際，先生は子どもたちを一杯ほめると思います。例えば，姿勢良く座っているAちゃ

んを見て、「Aちゃんの座り方は立派だね」とほめます。すると、それを見ていた周りの子どもたちも一斉に姿勢を正します。先生はすぐさま、「みんな立派だね」とほめるはずです。このように、子どもたちは先生にほめられたくて色々な行動をまねたり、ほめられた行動を繰り返すようになるのです。でも残念ながら、同じことを中学生に行っても、姿勢を正す子はわずかしかいません。なぜなら、中学生は姿勢の良さをほめてもらっても、それほど嬉しいとは思わないからです。つまり、子どもによってほめる対象やほめ方は異なるということです。

また、一度生起した「期待した反応」が安定して生起するためには、子どもに応じた強化因を適時与えることが重要となります。この操作を学習理論では「強化因操作」と呼びます。また、この強化因操作では、効果的な強化因さえ見つかれば、全てうまくいくというものではありません。どのように強化因を与えるかという強化スケジュールも重要なポイントとなります。

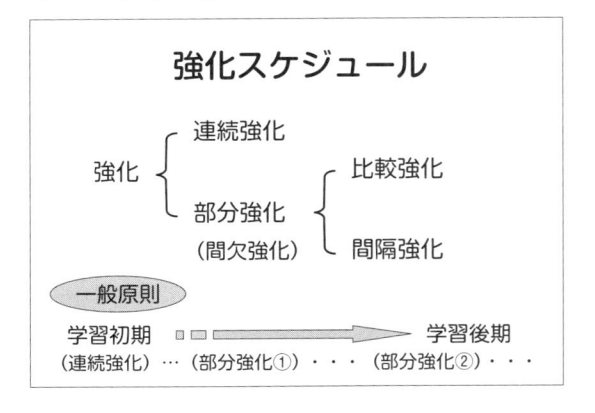

```
              強化スケジュール

         ┌─ 連続強化
    強化 ┤            ┌─ 比較強化
         └─ 部分強化 ┤
            (間欠強化) └─ 間隔強化

    一般原則
    学習初期 ━━▶ 学習後期
    (連続強化)…(部分強化①)…(部分強化②)…
```

一般的に、学習初期では、期待する行動が生起するたびに強化因を与える「連続強化」を行い、次第に、時々強化因を与える「間欠強化」へと変化させていきます。子どもによっては、連続強化の期間が長く必要な子もいれば、すぐに間欠強化へ移行できる子もいます。このように、子どもの行動を形成する際には、強化因操作も重要な機能を担っており、弁別刺激操作と同じくらい大切な操作と言えます。

4 行動の記録と評価

子どもたちは、刺激（弁別刺激）に応じた行動を示しますが、同一の刺激に対して同一の反応が生起するとは限りません。もし、同じ刺激に対して一定の行動が生起しているなら、それは、弁別刺激と同時に、強化も繰り返されているからです。したがって、もし気になる行動が頻発するようであれば、その行動の弁別刺激や強化因が何であるかを分析する必要があります。そのためには、まず、子どもの行動を観察し、記録することが大切です。例えば、授業中、勝手に離席してしまう場合、離席した時間とその回数を記録します。離席の前後の様子も可能な範囲でメモしておきます。この記録を1週間続けると、どの時間に離席が最も多くなるのか、またどんな状態の時に離席してしまうのか、さらには、離席後、その子はどんな状況になるのかを理解することができるかもしれません。離席がその子の苦手な算数の時間に多く生起し、注意されることで学習が中断し、離席した子が楽しそうにふざけていたならば、今後どう指導すればよいか、いくつかアイディアが浮かんできそうですね。

子どもの行動を把握するためには、まず、気になる行動について、可能な範囲で記録を取ってみることです。

Lesson 1

6 知能の評価

知能検査は子ども理解にどのように役立つの？

主な知能検査の特徴

	田中ビネーV	WISC−Ⅳ	KABC−Ⅱ
対象	2歳～成人	5歳～16歳	2歳～18歳
結果	比率IQ （2歳～13歳） 精神年齢を基に 偏差IQ （14歳～）	偏差IQ 全検査IQ（FSIQ） 4つの指標 ・言語理解 ・知覚推理 ・ワーキングメモリー ・処理速度	偏差値（≠IQ） 認知総合尺度 ・同時尺度 ・継次尺度 ・計画尺度 ・学習尺度 習得総合尺度
比較	個人間差	個人間差 個人内差	個人間差 個人内差
測定	質（何を） 量（どれだけ） ※14歳～質も	質（何を） 量（どれだけ）	質（何を） 量（どれだけ） 様（どの様に）

1 よく使われる知能検査

　知能検査は，診断のための道具として，また行政的な支援を行う際の判定基準として用いられることが多いのですが，近年では，教育方法を考えるための情報の1つとして用いられるようになっています。特に，知的な遅れが予想される子どもや学習上の特異的な落ち込みが見られる子ども，また行動上のトラブルが多く見られる子にも知能検査を実施，その結果を基に指導方針や指導内容の決定がなされるようになっています。

　知能検査は，今から100年ほど前にフランスのビネーが知的能力を測定する検査を開発したことに始まり，これまで数多くの知能検査が作られてきました。現在，我が国でよく使われる知能検査として，田中ビネーVやWISC−Ⅳ，K−ABC等があります。これらの検査はそれぞれに長所と短所をもっていますので，それぞれの検査の特性を理解して使うことが求められます。ここでは，田中ビネーVとWISC−Ⅳについてその概要を説明します。

(1) 田中ビネーV

　田中ビネーVにおける知能指数（IQ）は，年齢によって「比率IQ」と「偏差IQ」を算出します。2歳から13歳までは，課題がどれくらいできたかという「精神年齢」（MA）を算出し，その子の「生活年齢」（CA）との比によって「比率IQ」を求めます。一方，14歳以上は，「精神年齢」の概念は用いず，同年齢集団における「偏差IQ」を求めます。

　2歳から13歳までは，各問題ごとに精神年齢が割り当てられており，正答した問題数に応じてその子の「精神年齢」を割り出すことになります。IQは比較的短時間で算出できますが，分析的な解釈はできませんので注意が必要です。一方，14歳以上は，4領域（「結晶性」「流動性」「記憶」「論理推理」の領域），13下位検査で構成されており，領域別に偏差IQが算出できるので，領域間を比較することで個人内差を測定することができます。

(2) WISC−Ⅳ

　WISC−Ⅳは，世界中で用いられている検査です。検査対象は，5歳0カ月から16歳11カ月で，下位検査は10の「基本検査」と5つの「補助検査」で構成されています。それぞれの下位検査の粗点から「評価点」を求め，「評価点」の合計から「合成得点」と言われる，「全検査IQ」と4つの「指標得点」（「言語理解」「知覚推理」「ワーキングメモリー」

「処理速度」）を算出し，それぞれの得点を比較（指標間のディスクレパンシー比較）することにより，子どもの知的機能の特徴を大まかに解釈することができます。

また4つの指標間を比較するだけではなく，指標内の下位検査を比較することにより，指標得点の妥当性や指標内の負荷レベル等を分析することができます。

例えば，「数唱」「語音整列」「算数」はいずれもワーキングメモリー指標の課題ですが，これらを比較することにより，ワーキングメモリーの負荷と成績の関係について分析することができます。さらには，WISC－Ⅳの大きな特徴とも言えるプロセス分析では，同一下位検査内での質的な比較・分析ができます。例えば，数唱課題では，「順唱」と「逆唱」の評価点の比較ができることや，「絵の抹消」課題において，「不規則配置」と「規則配置」の評価点を比較することによって，子どもの認知特性をさらに細かく解釈することが可能となります。

このようにWISC－Ⅳでは，子どもの個人内差に注目した詳細な分析ができることから，解釈の結果を指導の手がかりとして活用していくことが可能となる有用な検査と言えます。

2　知能検査からわかること

田中ビネーⅤでは，先述したように，年齢によって検査が異なるため，その結果からわかることも異なります。2歳から13歳までを対象とした比率IQからは知的水準と大よその学習の速度を読み取ることができます。例えば，8歳の子どもの精神年齢が6歳である場合，IQは75となり，10歳になった頃には，精神年齢が7歳6カ月くらいになるであろうと予測することができます。一方，14歳以上の偏差IQからは，知的水準はもちろんのこと，4つの領域において，得意な領域と苦手な領域が見つかるかもしれません。例えば，新しい課題に臨機応変に対応できるような「流動性領域」が，知識のような習得度に近い「結晶性領域」よりも有意に高い場合は，指導方法を工夫することで，知識や技能をより高めていくことができるかもしれません。

WISC－Ⅳでは，田中ビネーⅤ同様に，4つの指標間比較による個人内差を明らかにすることによって，得意な領域と苦手な領域を見つけることができるようになります。例えば，「知覚推理」が「言語理解」よりも有意に高い場合は，視覚情報の処理の方が聴覚情報の処理よりも高い（強い）と言えるかもしれません。このような場合には，言語での指示ばかりではなく，絵や図などの視覚情報を多用して指導することが有効かもしれません。また，頭の中での情報操作に必要なワーキングメモリーに弱さが見られた場合，ワーキングメモリー指標を構成する下位検査を比較することにより，どのレベルの負荷ならば対処可能なのかを知ることができるかもしれません。

このように，知能検査は知的水準を示すほかに，子どもの強い所と弱い所といった個人内差の状態を明らかにしてくれるため，指導の大きな手がかりを示唆していると言えます。

Lesson 1

7 知能検査の結果の解釈

知能検査の結果の読み取り　〜WISC−Ⅳの場合〜

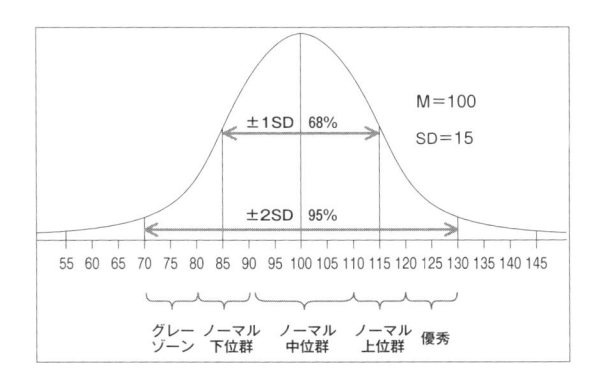

1　評価点と合成得点の解釈

WISC−Ⅳは，15の下位検査で構成されており，下位検査から「評価点」と5つの「合成得点」を算出して，子どもの認知機能の状態を分析することができます。

「評価点」は，各下位検査の得点（粗点）を年齢ごとにSS換算したもので，平均得点が「10」点となります。「合成得点」は，評価点を合計して換算した「全検査IQ」と「言語理解」「知覚推理」「ワーキングメモリー」「処理速度」の4つの指標に分かれ，平均得点は「100」点となります。「評価点」の1標準偏差（SD：Standard Deviation）は「3」，「合成得点」の1標準偏差（SD）は「15」になっています。

上図のように，正規分布では平均から±1SDの範囲に同年齢の子どもが約68％，±2SDの範囲に約95％含まれていることになります。したがって，平均から2SDの外側にいる子どもが5％で，下側の2.5％が知的障害の範疇に入ることになります。

ここで注意しなければならないことは，合成得点は必ず信頼区間で捉えるということです。例えば，検査の結果が「全検査IQ＝81（77−87）：90％の信頼水準」であったとします。この場合，この子のIQを単純に81とするのではなく，「この子の真の力は，90％信頼区間（100回のうち90回）でIQ77〜87の間に存在する」というふうに捉えることが大切です。つまり，調子のいい時と悪い時ではIQの数値も変化するということです。この考え方は，他の4つの指標においても同様です。

合成得点の記述的分類は以下の通りです。

69以下	70〜79	80〜89	90〜109	110〜119	120〜129	130以上
非常に低い	低い	平均の下	平均	平均の上	高い	非常に高い

2　指標間におけるディスクレパンシー解釈

4つの指標（言語理解，知覚推理，ワーキングメモリー，処理速度）間において，2つずつの指標を比較していくと全部で6パターンの比較ができます。その中で，統計的に有意な差（5％or15％）が見られたものについて詳しく分析していくことになります。例えば，8歳の子どもの「言語理解」が98，「知覚推理」が85だったとします。マニュアルでは，8歳児の有意差は「9.58ポイント以上（15％水準）」となっているので，今回の13ポイントの差は意味があると考えます。つまり，統計的には「言語理解が知覚推理よりも得意である」と言えるのです。

3 下位検査間のディスクレパンシー解釈

15の下位検査のうち,同じような能力を測定している検査がいくつかあります。例えば,言語理解に関わる課題である「類似」と視覚推理の課題である「絵の概念」は,入力がそれぞれ「聴覚」と「視覚」という違いはあっても,共に『概念』に関わる能力を測定しています。例えば,「絵の概念」が「類似」より高く,その差が有意であった場合,1つの仮説として,この子は入力刺激として,聴覚刺激より視覚刺激の方が得意であるといった解釈が考えられます。もちろん,断定は禁物です。

他にも,「数唱」「語音整列」「算数」(いずれも,ワーキングメモリー指標)において,「数唱」が「語音整列」よりも有意に高い場合は,ワーキングメモリーの負荷が小さい単純な課題の方が得意であることを示しています。一方,「算数」だけが他の2検査よりも著しく劣る場合は,文理解が大きく影響している可能性があります。

また「符号」「記号さがし」「絵の抹消」(いずれも処理速度指標)において,「絵の抹消」が他の2検査よりも有意に高い場合は,具体的な視覚刺激の処理は得意であっても,記号等の抽象的な刺激の処理が苦手かもしれません。このように,類似した領域を測定している下位検査同士を比較することによって,子どもの認知機能の特性をさらに詳しく理解することができます。

4 下位検査のプロセス評価に基づく解釈

WISC-Ⅳの「積木模様」「数唱」「絵の抹消」では,「プロセス評価」を行って,下位検査内のディスクレパンシーについて分析できるようになっています。

「積木模様」では『割増し得点』がある場合とない場合を比較して,課題処理の『速さ』がどのように得点に影響しているか考察することができます。「数唱」では,『順唱』と『逆唱』の評価点を比較することにより,ワーキングメモリーの負荷や処理様式についての検討が加えられます。また「絵の抹消」では,『不規則配置』と『規則配置』の得点を比較することによって,子どもの認知の特性がさらに詳細に理解できるかもしれません。『不規則配置』では,どのような方略で絵を抹消したのか,また,その方略は『規則配置』でも適用されたのか,それとも,方略を変えたのか等,分析の方法は数多くあります。このように,1つの下位検査の中にも子どもを理解する手がかりはたくさん隠されています。

知能検査から,指導の手がかりを読み取ろうとする際,スコアから得られた情報はもちろんのこと,子どもの検査に向かう態度や得点の質的分析等からも子どもの知的機能を理解していくことが可能です。例えば,算数の粗点が10点であっても,第1問から連続10問正解した後,連続して失敗した場合と,1問置きに正答して粗点が10点だった場合とでは,その子のもっている算数の能力は全く異なります。したがって,知能検査を解釈していく場合には,量的な解釈と同時に質的な解釈も併せて行うことが大切となります。

Lesson 1

8 認知機能の評価

認知機能の偏りと子どもの行動の関係は？

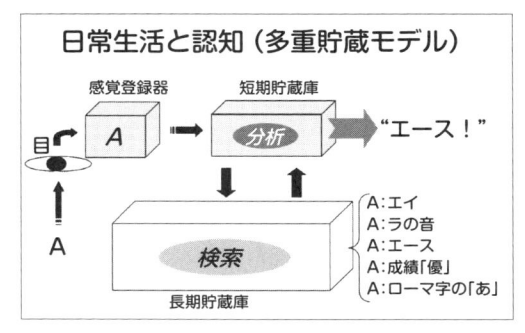

日常生活と認知（多重貯蔵モデル）

※Atkinson & Shiffrin（1968）の二重貯蔵モデルを基に作成

1 認知機能に関する理論

近年、認知機能に関する研究が進み、認知という視点からの子ども理解も試みられるようになっています。例えば、認知機能における「記憶」という観点から作られたパターン認知の『多重貯蔵モデル』理論は、「感覚登録器」「短期貯蔵庫」「長期貯蔵庫」の3つの貯蔵庫を想定することにより、様々な行動を説明することができます。知的発達に遅れが見られる場合は、短期貯蔵庫の制約が考えられます。また読み書きにつまずきが見られる学習障害児の場合は、短期貯蔵庫から長期貯蔵庫への検索過程での問題が考えられます。

また認知における情報処理という視点では、『PASSモデル』という理論があり、物事を認知する際に「注意」「継次処理」「同時処理」「計画」の4つの機能が互いに関与しているというものです。例えば、注意欠陥多動性障害の子が外部の刺激に反応してしまうというのは、注意機能に何らかの問題が生じたものと考えられます。また何らかの課題を遂行する際、手順通りに物事を進めるのが苦手な子の場合は、継次処理が苦手であるかもしれません。一方、手順を一つ一つ追いながら進める方がスムーズにいく子の場合は、継次処理よりも同時処理が苦手である場合があります。

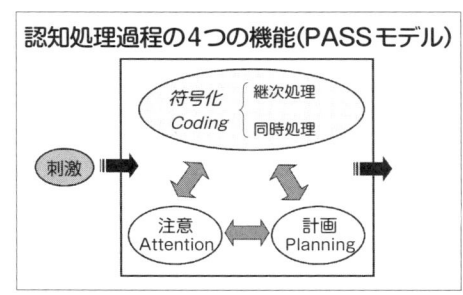

認知処理過程の4つの機能（PASSモデル）

※前川久男「認知処理過程の構造モデル」（K-ABCアセスメントと指導、丸善メイツ、1995）より

ここで言う「注意」「継次処理」「同時処理」「計画」の4つの機能とは、以下のような情報処理機能をもっています。

(1) 注意（Attention）

刺激に対して注意を向ける機能で、一般に「選択的注意」と「持続的注意」があります。刺激に注意が向けられないと、その刺激を認知することはできません。私たちの周りは、聴覚刺激や視覚刺激等、常に色々な刺激に満ちあふれていますので、どの刺激に注意を向けるかによって、認知されるものが異なります。また、ある程度の時間、持続的に注意を維持していないと、スムーズな学習ができません。

(2) 継次処理（Sequential Processing）

入力された刺激を順番に処理していく機能です。この情報処理は，聴覚処理能力と同等に考える方がいますが，大きな間違いです。音声刺激も継次処理と同時処理があることを忘れてはいけません。

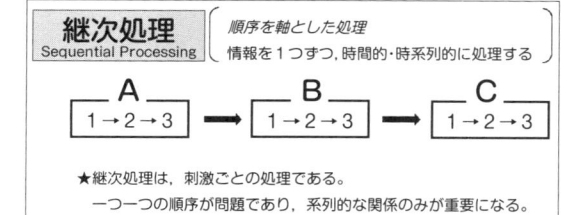

```
継次処理                順序を軸とした処理
Sequential Processing   情報を1つずつ，時間的・時系列的に処理する

    A         B         C
  1→2→3  →  1→2→3  →  1→2→3

★継次処理は，刺激ごとの処理である。
 一つ一つの順序が問題であり，系列的な関係のみが重要になる。
```

(3) 同時処理（Simultaneous Processing）

入力された複数の刺激を同時に処理する機能です。したがって，刺激の関係性であるとか，全体としての意味等に係る機能です。同時処理が，視覚処理能力と同等であると考える方がおられますが，これも大きな間違いです。視覚処理においても継次処理と同時処理があることを忘れてはいけません。

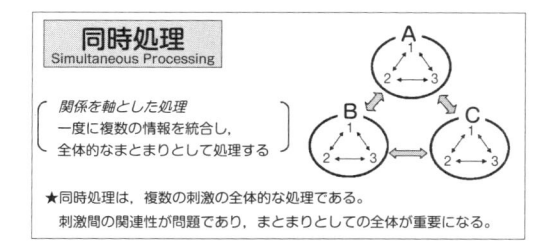

```
同時処理
Simultaneous Processing

関係を軸とした処理
一度に複数の情報を統合し，
全体的なまとまりとして処理する

★同時処理は，複数の刺激の全体的な処理である。
 刺激間の関連性が問題であり，まとまりとしての全体が重要になる。
```

(4) 計画（Planning）

計画という機能は，目的を遂行するために，どのような方略を用いればよいかを選択・決定し，実行した後，その結果が適切かどうかをモニタリングするという広範にわたる機能を含んでいます。それだけに計画機能の全容を評価することは大変難しいと言えます。また計画機能は，目的を遂行するために，注意機能と符号化機能（同時処理・継次処理）の両機能をコントロールしています。その意味で，認知能力の高さは計画能力に大きく依存していると言えます。

このように，PASSモデルでは，情報処理という観点から認知を捉え，それぞれの観点から，子どもの行動を解釈することができます。特に符号化（Coding）の同時処理と継次処理の特性は，学習における指導方法の手がかりを与えてくれる観点として，教育相談や個別指導等で活用されています。

2　認知能力の測定

認知能力を測定する検査として，DN－CASやK－ABC等が用いられてきましたが，それぞれの検査が測る認知機能は，少しずつ異なっています。例えば，K－ABCで測定される同時処理能力は，視覚処理能力を中心に測定していますが，DN－CASで測定される同時処理能力では，文の理解も含んでいます。したがって，検査結果の解釈に当たっては，一般論的な定義に基づくのではなく，実際の検査で用いられた課題に基づいて解釈していくことが大切です。

PASS理論に基づく最新の情報処理機能を測定する検査として，KABC－Ⅱがあります。この検査は，PASS理論における，注意機能を除く，3つの機能（継次処理・同時処理・計画）と，これらを全て用いた「学習」能力について測定しています。また，習得尺度においても，従来の習得度の範囲をさらに広げ，「語彙尺度」「読み尺度」「書き尺度」「算数尺度」の4つの尺度を測定できるようになっています。

Lesson 1

9 認知機能の偏りと学習

認知機能の偏りと子どもの学習の関係は？

認知処理の大きな偏りと学習上の問題

継次処理＜同時処理
・多い少ないはわかるが，数が数えられない
・文字は書けるが，筆順が覚えられない

継次処理＞同時処理
・数えられるが，量がわからない
・文は読めるが，意味がわからない

---

1 認知機能の偏りと学習のつまずき

認知機能に大きな偏りがある場合には，日常生活や学習活動に支障をきたす場合があります。私たち大人は，認知機能に偏りがある場合でも，必要に応じて，得意な認知機能だけではなく，苦手な認知機能も駆使しながら，課題解決を図ることができます。しかし，子どもの場合は，必ずしも必要な機能を適切に働かせることができず，様々なつまずきとなって表れることがあります。

(1)「継次処理尺度＜同時処理尺度」の場合

幼児期の物を数える場面では，物と数詞の1対1対応が上手くいかず，正しく数えられないことがよくあります。しかしその一方で，「多い少ない」は直感で理解できるのです。学齢期では，計算の手続きがなかなか覚えられず，正しい計算ができなかったり，九九を覚えるのに必要以上に時間がかかるということがあります。また文字の学習では，文字の大まかな形は捉えられるのですが，筆順が中々覚えられないとか，作文で脱字が時々見られるなどのつまずきを示す場合があります。文章を読む場合にも，「て・に・を・は」等の助詞の推測読みなどがあり，正確に文章を読むことができない場合もよく見られます。

(2)「同時処理尺度＜継次処理尺度」の場合

数を数えることは比較的早くにできるようになるのですが，量概念がなかなか身につかないということがあります。また数量操作を必要とする場合，基本的な単位量に対するイメージが弱いために，操作を適切に行うことができないことがあります。例えば，「8＋7」の計算をする時，式の下に，8個の○と7個の○を書き，その丸を端から数えて答えを導くという方略を用いることがよくあります。これは「8は5の塊と3」という視覚的イメージを思い浮かべることができないために，得意な継次的な方略に頼って解決を図ろうとしているわけです。しかしこの方法では，数が大きくなると対応が困難となります。また文の音読は比較的得意にもかかわらず，その意味が理解できないという場合もあります。

(3)「計画尺度」が極端に弱い場合

計画尺度のどの部分が弱いかによって，つまずきも大きく異なります。方略の選択・決定の段階でつまずきが見られる場合には，時々，不適切な方略で対応しようとしたり，課題解決の方略をもたないために，全く行動に移さないといった様子が見られることがあります。またモニタリングでのつまずきがある場合には，計算問題でのケアレスミスが頻

繁に見られることがあります。また，課題解決はできるのだが，時間が必要以上にかかるという場合もあります。この場合も方略の問題が関わっていると言えます。

(4) 「注意」が極端に弱い場合

「注意」機能が極端に弱い場合は，学習の様々な場面でつまずきを示すことになります。例えば，教師の説明に対し，衝動的に「割り込み」をしたり，教師の話の一部分に反応してしまうため，話の内容を正しく理解できないこともあります。また，集中が長く続かないために，効率良く学習が進まないなど様々なつまずきを示すことが多いのです。しかし，こうした注意に弱さが見られる子どもでも，興味関心の強いものに対しては，長時間集中して取り組むことができる場合も珍しくはありません。したがって，「注意」尺度に弱さが見られたとしても，いつでも弱いわけではないということも忘れてはいけません。

2 「認知尺度」と「習得尺度」の比較

K－ABCやKABC－Ⅱでは，認知処理尺度のみならず習得尺度の測定も可能となっています。両尺度を比較することによって，指導方法や指導環境等について検討することができます。

(1) 「認知尺度＜習得尺度」の場合

認知尺度が習得尺度と比べて極端に低い場合，本来の力以上に習得がなされていることになります。こうした場合，これまでの学習に対する努力が実を結んでいると言えますが，見方を変えると過度な学習がなされているということも考えられます。ですから，これ以上，同じようなペースで学習を進めると，子どもに大きな負担がかかり，その結果，別の問題が起きる可能性があります。したがって，その子の認知レベルを把握した上で，学習に対する要求水準を調整していくことが大切です。

(2) 「習得尺度＜認知尺度」の場合

習得尺度が認知尺度よりも極端に低い場合は，その子の本来の力が十分活用されていないということを意味します。このような場合は，なぜ習得度が低いのかについて，検査結果の分析はもちろんのこと，教育環境や学習方法等についても検討する必要があります。学習上のつまずきは子どもの認知特性の問題だけではなく，教育する側の問題としても捉え，教育環境や学習方法の工夫によって，習得度の改善を図ることが大切です。

3 認知処理検査の解釈手順～KABC－Ⅱ

KABC－Ⅱは，WISC－Ⅳと同様に，各尺度の平均が100で，1SDは15で作られています。また各下位検査の評価点平均は10で，1SDは3で作られています。また各尺度や下位検査における比較では，二者間の差が有意であるかどうかをマニュアルの換算表を基に判定していきます。解釈の手順は一般に以下のような流れで行っていきます。

① 認知総合尺度の解釈～知的水準の全体像
② 継次・同時・計画・学習の4尺度間の比較
③ 習得総合尺度の解釈
　～基本的学習の全体像
④ 語彙・読み・書き・算数の4尺度間の比較
⑤ 認知総合尺度と習得総合尺度の比較
⑥ 認知総合尺度と習得4尺度との比較
⑦ 認知総合尺度と算数下位検査との比較

※ケースによっては，CHCモデルで解釈することがあります。

Lesson 1

10　心理検査の解釈と活用

検査結果の解釈と活用の仕方は？

アセスメントの大原則

1．数値を鵜呑みにしない
2．一部の結果だけで判断しない
3．臨床像と照合し，総合的に判断する
4．解釈は具体的な子ども像として示す

1　検査結果を鵜呑みにしない

　心理検査の結果は，特定な条件下での結果として意味のあるものですが，その値が，その子の力を全て代表しているとは限りません。当たり前のことですが，検査時に風邪をひいていて，力を十分発揮できない場合もあります。また時には，虫の居所が悪く，わざと反抗的な態度をとって，検査結果が低く出る場合もあります。ですから，検査結果が出たとしても，その値は，子どもの実態を的確に表しているかどうかを確認する必要があるのです。実際には，子どもの日常生活の様子や学習の様子と照らし合わせてみることです。例えば，自閉症児が数唱課題の意味が理解できず，検査結果の粗点が0点またはそれに近いスコアの場合があります。このような場合，数唱の評価点は低い得点となり，聴覚的な短期記憶が苦手であるとか，数に関する継次処理が苦手である等の機械的な解釈をしてしまう方がおられます。しかし，その子の日常生活や学習活動において，オウム返しが頻繁に見られ，時には比較的長いフレーズでもオウム返しで反応することがある場合，前述のような評価は子どもの実態と大きくかけ離れたものになります。もちろん，数唱課題ができなかったことは事実ですし，そのこと自体をきちんと解釈することが必要です。しかし，解釈があまりにも機械的であったり，一般論的なレベルにとどまっていると，大きなミスを犯すことになります。ですから，必ず，臨床像と照合して解釈するというのが，検査結果の解釈における大原則となります。

2　結果報告は具体的なことばに置き換える

　検査結果は，偏差値として数値化されて出てきますが，そのままでは指導や支援になかなか役立てられません。ましてや，その報告を受け取るのが子どものご両親の場合は，その意味さえもわからないことになります。検査を数多く実施していくと，数値そのものが具体的な状態像と結び付いて，その子の特徴をイメージできるようになります。しかし，それは専門家だからできることであり，一般の先生や保護者には難しいことです。ですから，自分の経験と子どもの日常生活の様子を重ね合わせながら，検査結果の数値が意味する所をできる限り具体的に言語化する必要があります。この言語化によって初めて具体的な指導や支援の方法が見えてくるのです。逆に言うならば，検査結果を具体的なことばに置き換えて説明できないと，検査結果を解釈したと言えないかもしれません。もちろん，

結果の解釈に当たっては，子どもの主訴に基づいて進められるべきで，余分な情報は混乱のもととなります。ですから，検査結果から，何を読み取ればよいかを考えながら解釈していくことが重要となります。

3　考えるきっかけとなる検査結果

　検査結果は，時として子どもの日常生活の様子とは異なる結果を示す場合があります。この場合，検査結果は間違いなのかというと，必ずしも間違いではありません。その結果は，「検査」という特別な場面での結果であり，その子の特徴の一面を示しているわけです。ですから，なぜ，このような結果となったのかを考えればよいわけです。検査者とは初対面で，子どもが緊張したまま検査を実施し，最後まで力を発揮できずに検査を終了する場合もあるかもしれません。また逆に，普段では見られないような集中力を示し，高得点を示す場合もあるかもしれません。どちらの場合も，なぜ，そのような結果だったのかを考えることにより，具体的な支援方法を検討することができます。その意味では，もし結果が，子どもの実態と一致しない結果であったとしても，子どもの普段見られない側面を見ることができたと考えるべきです。また，その違いの理由を考えることにより，子ども理解を深めることができます。検査はあくまでも，子ども理解のための道具であり，考えるきっかけを与えてくれるものです。ですから，検査結果に一喜一憂したり，結果に縛られてしまうことは避けなければなりません。子ども理解のために，検査を上手に活用することが大切なのです。

4　検査結果の活用

　検査結果を指導に生かすためには，「個人内差」に着目して，その子の比較的得意な領域と比較的苦手な領域について詳細に分析することが重要です。例えば，WISC-Ⅳの検査で「言語理解」が最も低く，「処理速度」が最も高くなり，両者に有意な差が認められたとします。この時，子どもの「言語理解の低さ」について配慮する必要があると考えなければなりません。しかも，「言語理解」のどの部分について特に配慮すべきなのか，「言語理解」を構成する下位検査間の比較から詳細に分析することが必要です。

　一方，比較的得意と考えられた「処理速度」をどうやって上手に活用するかを検討する必要もあります。先ほどと同様に，「処理速度」の下位検査を比較することによって，長所を活用した指導の方法が見えてくるかもしれません。

　このように個人内差に注目して，弱い部分には十分な配慮をし，強い部分を積極的に活用することで，検査の役目が十二分に果たされたと言えます。もちろん，明確な個人内差が見られないケースもありますが，そうした場合は，検査の質的な分析に重点を置いて解釈することにより，検査結果を指導に生かすことができます。

　教育における心理検査の活用は，検査の結果が指導に生かされて初めて，その意義が認められることになります。主訴に基づいた適切な検査を選択・実施することができれば，子ども理解を深め，様々な指導の手がかりを得ることも可能となります。

Lesson 2

「適切な指導」 ～アセスメントに基づいた指導～

1　強い能力の活用

長所活用型指導とは？

```
       長所活用型指導
   (Strength Oriented Approach)
→強い能力や認知処理様式を活用する
  できないこと（技能）をそのままにすること
  ではない

 例）話を聞いて理解するより読んで理解すること
     が得意な子どもに説明の内容を板書する

           ⇩
    効率的に，自発的な学習を促す
```

1　強い能力の活用

　心理検査等を用いたアセスメントにより，子どもの強い能力と弱い能力を知ることができます。ややもすれば，私たちは子どものできないことや苦手なこと，弱い能力に目を向けてしまいがちです。子どもの弱い能力を改善しようとする指導を藤田ら（1998）は「短所改善型指導」とよんでいます。例えば聞いて覚えることが苦手な子どもに，何度も繰り返し聞いて覚える指導をします。子どもは，弱い能力を活用することを強いられるので，課題に集中できなかったり，ストレスを感じてしまい，学習することが嫌になってしまうかもしれません。

　それに対して藤田らは，子どもの強い能力を活用する「長所活用型指導」を提唱しています。例えば上の例のように，話を聞いて理解するよりも読んで理解することが得意な子どもに対して，先生が説明の内容を板書するような指導です。この方法だと子どもは弱い能力を活用することを強いられることなく，強い能力を活用して説明の内容を理解することが期待できます。また，過剰な努力を強いられることがないので，子どもの学習に関するストレスを軽減し，効率的で，自発的な学習を促すことも可能だと思われます。

2　能力と技能

　長所活用型指導について，「子どもが苦手なことには，取り組ませなくてよいのですか？」という質問を受けることがあります。この場合，子どもの苦手なこととは，例えば読み書き，計算，運動，他者と関わることなど，主に学習によって習得される技能のことです。長所活用型指導とは，子どもが習得段階にある技能や苦手としている技能に対して指導しない，そのままにしてよいという考えとは異なります。つまり，子どもが苦手としている技能に対して，弱い能力に配慮し，強い能力を活用する指導方略を用いようというものです。

　長所活用型指導の実際について，漢字を繰り返し書いてもなかなか覚えられない子どもについての事例を紹介します。まずは，心理検査等を用いたアセスメントにより，その子の強い能力と弱い能力を把握します。

　例えば，見る（視覚的）能力が強く，聞く

（聴覚的）能力が弱い場合は，漢字の形に注目させて覚えることができるような指導方法を考えます。図1のように漢字をいくつかの構成要素に分けて，それをパズルのように組み立てる課題によって，その子の得意な視覚的な能力を使って漢字の形を覚えることができるかもしれません。

図1　漢字の構成要素を組み立てる課題

また図2のように漢字のある部分が消失していて，消えている部分を補って書き入れる課題によって漢字が書けるようになる場合も考えられます。

図2　漢字の消失した部分を書く課題

一方，聞く（聴覚的）能力が強く，見る（視覚的）能力が弱い場合は，漢字をいくつかの構成要素に分解して，その要素を音声言語化し，何度も復唱することで覚えさせようとする方法があります。例えば「歩」という漢字は上下に分割すると「止」と「少」です。

『「歩く」は「止まる」と「少ない」』と何度も復唱させることで，その子の得意な聴覚的な能力を活用し，漢字の形を記憶させようとする指導方法です。

このように漢字を書くことが苦手という技能に対して，その子どもの強い能力を活用して指導し，子どもが苦手としている技能を習得させようとするのが長所活用型指導の考え方です。

子どもの強い能力を知るために心理検査を用いたアセスメントは有効です。WISC－Ⅳでは，全体的な認知能力を表す全検査IQと，言語理解，知覚推理，ワーキングメモリー，処理速度の4つの指標得点を算出し，さらに指標間や下位検査間のディスクレパンシー，下位検査レベルで個人内の強い能力と弱い能力，7つのプロセス得点を検討することにより，子どもの認知構造を知ることができます。またKABC－Ⅱのカウフマンモデルでは，認知能力を継次尺度，同時尺度，計画尺度，学習尺度の4つの尺度から解釈し，下位検査・各尺度レベルで，個人内の得意な領域あるいは苦手な領域を知ることができます。これらの心理検査から得られる情報を活用し，子どもの強い能力を活用した指導を考えるのが，長所活用型指導の基本的な考え方です。最も大切なことは，教師が自分の得意な指導方法で教えるのではなく，子どもが得意と思われる学習方法を考えることにあります。

［文献］
藤田和弘・青山真二・熊谷恵子編著（1998）：長所活用型指導で子どもが変わる．図書文化

Lesson 2

2 継次処理型指導と同時処理型指導

認知処理と指導方略①

強い認知処理様式を生かす指導

継次処理型指導方略	同時処理型指導方略
・段階的な教え方	・全体をふまえた教え方
・部分から全体へ	・全体から部分へ
・順序性の重視	・関連性の重視
・聴覚的・言語的手がかり	・視覚的・運動的手がかり
・時間的・分析的	・空間的・統合的

1 強い認知処理様式

　継次処理と同時処理の２つの認知処理様式のうちの優位な処理様式を活用した指導を考えようとするのが強い認知処理様式を生かす指導の考え方（藤田・青山・熊谷，1998）です。継次処理と同時処理がともに効率的に処理されている場合や，どちらかの処理様式が強く，もう一方の処理様式が弱くても学習に問題がない場合もあります。しかし継次処理と同時処理のバランスが悪く，学習が遅れている，極端に苦手な学習がある場合は，強い認知処理様式を生かす指導が望ましいと考えられます。

2 認知処理様式を生かす指導方略

　強い認知処理様式を生かす指導について藤田・熊谷・青山（2000）は，継次処理型指導方略と同時処理型指導方略を５つの基本原則としてまとめています。

(1) 継次処理型指導方略
① 段階的な教え方

　指導のねらいに到達する過程をいくつかのステップに分けて，段階的に教えるものです。

　例えば算数の学習で２桁のたし算を「まず１の位の数を合わせます」「次に10の位の数を合わせます」といったように段階的に教える方法です。

② 部分から全体へ

　必要な情報の部分に注目させてから徐々に全体へ情報を提示する方法です。

　例えば社会の学習で，ある地方の年間の降水量を示す棒グラフを見せ，最初に月別の降水量（部分）に注目させてから，年間降水量の変化（全体）について注目するように働きかける方法です。

③ 順序性の重視

　必要に応じて数字などを用いて，１番目にすること，２番目にすることなど順序を強調する教え方です。

　家庭科の調理で「１番目に鍋にお水を入れます」「２番目にガスコンロの火をつけます」「３番目にお鍋を置きます」というように活動の順序を強調する方法です。

④ 聴覚的・言語的手がかり

　先生が言語で教示する，あるいは子ども自身に言語化させながら課題に取り組むことを促す方法です。

　たし算とひき算を混同する子どもに対して，式を声に出して読みながら計算させるのも聴

覚的・言語的手がかりを活用した指導方法です。

⑤　時間的・分析的

情報を提示する時に時間的な系列や分析的な情報の提示を重視する方法です。

例えば国語の学習で，物語を読む場合，時間の流れで場面を区切り，物語の内容や登場人物の行動，心情を分析して理解を進めるような方法です。

(2) 同時処理型指導方略

① 全体をふまえた教え方

最初に指導のねらいの本質的な部分を含んでいる課題を提示する方法です。

例えば，図工の時間に動くおもちゃを作る場合，最初に完成した見本を見せて，製作するおもちゃの全体のイメージをもたせてから製作させる方法です。

② 全体から部分へ

最初に全体の情報を１つのまとまりとして提示し，その後から部分に注目させる方法です。

社会の学習で世界の原油の産出量を示す地図を見せて，どの地域に産出国が多いなどの全体的な情報に着目させてから，個々の国の産出量を比較させるような指導方法です。

③ 関連性の重視

提示された情報の関連性に着目させる指導方法です。

例えば漢字の読みの学習において，色々な漢字を同じ「へん」に注目して分類します。「林」「板」「枝」など木へんの漢字の意味と関連づけ読みを学習するような方法です。

④　視覚的・運動的手がかり

教示を絵や図など視覚的な刺激として提示したり，手を動かすことを重視する方法です。

平仮名の形を覚えるためにモールや粘土を使って，文字の形を作ることを通して覚えさせようとするのは，運動的手がかりの例です。

⑤　空間的・統合的

情報を提示する時に空間的な手がかりや統合的な情報の提示を重視する方法です。

数量の指導でタイルを用いる場合，平面的なタイルよりやや厚みのあるタイルを用いた方が量をイメージしやすい子どもがいます。この場合，厚みのあるタイルを用いることが空間的な手がかりとなります。またタイルを10個集めて，まとまりとして大きなタイルで10の量を示すのは統合的な手がかりです。

3　指導方略の活用

ここまで述べてきたことは，あくまで指導方略の原則であり，特徴的な指導例を紹介しました。実際の指導の中で，この方法が「段階的な教え方」なのか「順序性の重視」なのか迷うこともあると思います。その場合は，どちらの指導方略も用いていると考えてよいのではないかと思います。

[文献]

藤田和弘・青山真二・熊谷恵子編著（1998）：長所活用型指導で子どもが変わる．図書文化

藤田和弘監修・熊谷恵子・青山真二編著（2000）：長所活用型指導で子どもが変わる Part 2．図書文化

Lesson 2

3　強い認知処理様式を生かす

認知処理と指導方略②

継次処理型指導方略	同時処理型指導方略
部分から全体へ	全体から部分へ
いくつかの漢字や構成要素を組み合わせて漢字を完成させることによって，漢字の読みや書きを覚える	漢字をいくつかの部分や漢字に分解し，漢字の構成要素を理解することによって，漢字の読みや書きを覚える
木＋ツ＋女＝桜	時＝日＋土＋寸

1　教室の中での指導

　教室の中での一斉指導の場面では，強い認知処理様式を生かす2つの指導方略を用いることが難しいと思われるかもしれません。

　しかし，同じ指導内容であっても，継次処理型指導方略と同時処理型指導方略，それぞれの方法で学習を進めるグループを編成し，自分にとってわかりやすいと思うグループを子どもが選択することによって教室の中での指導も可能になる場面もあると思われます。

2　漢字の指導

　新しい漢字の読みや書きを覚える場合，繰り返し読む，繰り返し書くことが一般的です。その前の段階の導入として，漢字の構成要素を理解するための方法を2つの指導方略で考えてみます。

　継次処理が優位な子どもは「部分から全体」が得意なので，いくつかの漢字や構成要素を組み合わせて漢字を完成させるという課題を提示します。例えば「木」と「ツ」と「女」を組み合わせると「桜」になります。これを「木とツと女で桜」と何度も繰り返し言語化することで覚えるのは「聴覚的・言語的手がかり」です。

　同時処理が優位な子どもは「全体から部分」が得意なので，漢字をいくつかの部分や漢字に分解し，漢字の構成要素に分ける課題を提示します。例えば「時」は「日」と「土」と「寸」に分けることができます。漢字が書かれたカードを実際にはさみで切って，分割し，それを再構成することで漢字の構成要素の配置関係を覚えるのは「視覚的・運動的手がかり」です。

　常にこのようなグループ学習を行うことは難しいかもしれませんが，自分にとってわかりやすいと思う学習方略のグループに参加することによって漢字の読みや書きの習得が促進されることが期待できます。

3　加法の指導

　次に加法計算の指導例を紹介します。小学校1年生の算数で扱われる加法は，意味について理解し，それらの計算の仕方を考え，用

いることができるようにするものです。

　加法には，初めにある数量に，追加したり，それから増加したりした時の大きさを求める「増加」と，同時に存在する2つの数量を合わせた大きさを求める「合併」があります。

　増加は，ある数に加える数を1つずつ段階的に増やす操作によって示すことができますので，継次的な指導方略である「段階的な教え方」を用いることができます。

　合併は，ある数に加える数を合わせることによって，数をまとまりとして示すことができます。りんごなどの具体物を使って，2つの量を合わせる操作は同時的な指導方略である「視覚的・運動的手がかり」を用いることができます。

　これらは，増加と合併のどちらか一方の事象のみを指導するというものではありません。あくまでも継次的指導方略では増加，同時的指導方略では合併から学習を始めることによって，加法の意味を理解しやすくするための導入方法の1つです。

4　整理整頓の指導

　学習用具が多い小学生は，机やカバンの中，棚などの整理整頓が大変です。特に整理整頓が苦手な子どもは，必要な教科書やノートを探している途中で，さらに机やカバンの中が散乱したり，机の上から教科書やペンケースを何度も落としてしまうなど，学習を始めるまでに時間がかかってしまいます。

　そこで，各教科で使用する学習用具をファスナー付きクリアケースに入れてまとめることにしたいと思います。藤田・青山・熊谷（2000）は，このクリアケースを使った整理整頓の指導において，強い認知処理様式を生かす指導を紹介しています。

　継次処理が優位な子どもには，各教科の学習用具を時間割の順に分けて，クリアケースに入れるようにします。さらに図1のようにクリアケースには数字をつけて，何時間目の授業で使う物かを示します。このクリアケースの使い方は継次的な指導方略である「順序性の重視」を用いています。

図1　数字つきのクリアケース

　同時処理が優位な子どもには，クリアケースに赤，青，緑などのシールを貼り，各教科の学習用具を色別に分けます。さらに図2のように教科書やノートにもクリアケースと同じ色のシールを貼ることによって，色を手がかりとして「国語で使う物」「算数で使う物」というように関連性を示すことができます。これは同時的な指導方略である「視覚的な手がかり」や「関連性の重視」を用いています。

図2　シールつきのクリアケース

［文献］
藤田和弘監修・熊谷恵子・青山真二編著（2000）：長所活用型指導で子どもが変わる Part 2．図書文化，p132-133

Lesson 2

4　事例1

計算につまずきのある小学生

対象児の概要
- 小学校通常学級に在籍，3年生男子
- 母親は，2歳頃にことばの遅れを感じた
- 6歳の時に，母親が周りの子と遊べないことを不安に感じ，専門の医師に相談，診察を受けて高機能自閉症と診断された
- 繰り上がりのある加法計算で，指を使って計算することや計算ミスが多く見られる

1　指導開始時の様子

　対象児のSくんは，小学校1年生の時に大学に相談に訪れました。その時の主訴は，友達と遊べない，平仮名の読み書きが苦手，5以上の数が数えられないでした。大学で週1回の個別指導を始め，家庭でもお母さんが熱心に勉強を教えた結果，小学校2年生の時に平仮名の読み書き，繰り上がりのない加法計算，繰り下がりのない減法計算ができるようになりました。ところが母親は，Sくんが繰り上がりのある加法計算で指を使っていることを気にして，家では指を使わないように指導していました。そのためSくんは，他の人から見えないように机の下で指を使って計算するようになり，今までできていた計算問題も間違えてしまうことが多く見られるようになってしまいました。

2　計算のつまずき

　計算のつまずきについて伊藤（2003）は，「算数障害の子どもは，計算の問題解決過程に特有のつまずきがあり，その問題は，計算に使用した方略と，計算の手続きの実行（計算スキル）の2点にある」と述べています。Sくんの場合，計算手続きの実行に問題はないので，計算に使用した方略に問題があると考えました。つまり，加法計算において，指を使って数え足すという方略しか獲得していないので，新しい計算の方略を獲得させることができないだろうかと考えました。

　繰り上がりのある加法の計算方法には「10の補数法」と「5-2進法」があります。10の補数法は図1に示すように「被加数にいくつ足したら10になるか」と考え，10のまとまりと残りの数で和を求めます。

$$8+6=8+(2+4)=10+4$$

図1　10の補数法

　5-2進法は図2に示すように「被加数も加数も5といくつと分解して，5と5で10のまとまりをつくり，残りの数を合わせて和を求める」ものです。

$$8+6=(5+3)+(5+1)$$
$$=(5+5)+(3+1)$$
$$=10+4$$

図2　5-2進法

　Sくんの場合，学校では10の補数法で学習をしていました。そこで，Sくんにとって新しい計算の方略として5-2進法の指導をす

ることにしました。

3 指導方法

SくんにK-ABCを実施したところ継次処理過程尺度92，同時処理過程尺度91，認知処理過程尺度90，習得度尺度85でそれぞれの尺度間に有意な差はありませんでした。継次処理過程尺度の下位検査では［手の動作］がやや弱く，視覚的な情報を順番に提示されることがあまり得意ではないと思われます。また同時処理過程尺度の［視覚類推］が弱く，視覚的な推理能力が弱いと考えられました。これらのSくんの認知能力の特性を考慮し，タイルを用いた5－2進法の指導を考えました。タイルは厚さ5mmの発泡スチロール材のカラーパネルを使用し，タイル1個の大きさは3.5×3.5cmで，実際に使用したタイルを図3に示します。

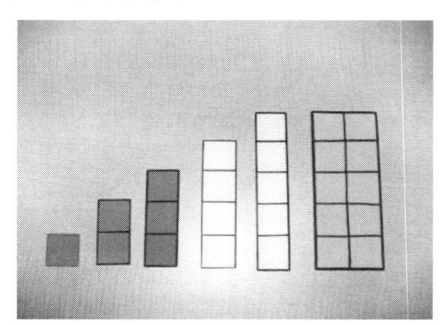

図3 指導に使用したタイル

タイルを使用することによって，数の量をまとまりとして示し，Sくんが見てすぐに理解しやすいのではないかと考えました。つまりタイルを使うことで，Sくんの視覚的な情報を順番に提示されることの苦手さや視覚的な推理能力の弱さに配慮できるからです。最初は，カードに書かれた6～9の数字を見て，指導者と競い合いながら数字と同じ数のタイルを並べるゲームをしました。このゲームを何回か繰り返しているうちにSくんは，1のタイルを数えて並べるよりも5のタイルを用いるとタイルを早く並べられることに自分から気付くことができました。この指導は，5－2進法を理解させるために「5のまとまりを使いなさい」と教えるのではなく，5のまとまりを使うと便利だと気付き，自分から5－2進法を選択するようになってほしいと考えたからです。その後，図4に示すように加法の式を見て被加数と加数の量のタイルを置き，答えを求める課題を行いました。

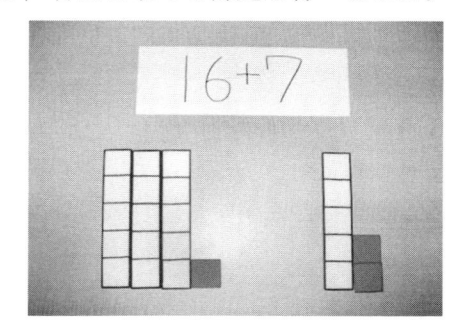

図4 加法の式とタイル

この課題も最初は指導者と競い合う形式で行いました。指導者が使用するタイルを迷っている場面では，Sくんが指導者に「5のタイルを使うと便利だよ」と声をかける場面も見られました。指導を通して繰り上がりのある加法計算の正答率が向上し，指を使うことも徐々に減少しましたが，誤答が続くと指を使って計算する様子もまだ見られます。

［文献］
伊藤一美（2003）算数障害の評価と指導．LD研究，12 (2)

Lesson 2

5　事例2

平仮名の読みが苦手な小学生

対象児の概要
- 小学校特別支援学級に在籍，3年生男子
- 幼稚園では順番やルールがわからず，他児とトラブルになることが多かった
- 小学校入学時は通常学級，2年生の時に医師からアスペルガー症候群と診断され，特別支援学級に在籍している
- 平仮名読みに対する苦手意識が強く，読みの誤りも多い

1　指導開始時の様子

　Hくんは，学校の授業中に落ち着きがなく，じっとしていることも苦手です。平仮名の読みが苦手で，先生から教科書の読みを指示されると嫌がってオルガンの下に隠れてしまうことも見られました。大学での個別指導においても平仮名を見ただけで「これ読むの？　読みたくない」と言い，なかなか学習に取り組むことができませんでした。

　平仮名の清音は，30文字程度を読むことができますが，文字を見て発音するまでにやや時間がかかります。また，「あ」と「わ」，「ち」と「ら」など形の似た文字の読みの誤りが多く見られます。初めて見る単語は逐次読みとなり，読みの誤りも多く見られます。

2　読みのつまずき

　文字を見て発音するまでにやや時間がかかる，形の似た文字の読み誤りが多い，初めて見る単語は逐次読みとなるといったHくんの様子から，平仮名文字の形態を認識すること，すなわち文字処理能力に問題があるのではないかと考えました。つまり形の似た文字同士の形態をそれぞれ区別する能力に問題があると思われます。

3　指導方法

　HくんにK－ABCを実施したところ継次処理過程尺度76，同時処理過程尺度79，認知処理過程尺度76，習得度尺度68でそれぞれの尺度間に有意な差はありませんでした。習得度尺度の下位検査［ことばの読み］で正答できたのは，1問目の「あ」のみで，2問目の「ね」は「ら」と答え，誤答でした。下位検査［文の理解］は，問題を見ただけで読もうとせず，粗点は0点でした。検査の結果からHくんは，視覚的な情報が提示された時に，細かいところに注意を向ける能力である視覚的細部への注意が強いと考えられました。

　視覚的細部への注意が強ければ，一般的に形の似た文字同士の形態をそれぞれ区別する能力も高いと考えられますが，Hくんは形の似た文字の読みを混同しています。これは，視覚的な能力が強いために文字の形全体ではなく，形の似ている部分に注目してしまうためではないかと考えました。そのため，形の似た文字に混乱し，読みの誤りや読みに時間がかかってしまうと思われます。そこで，Hくんの強い視覚的細部への注意能力を活用し，形が似た平仮名文字の似ていない部分に注目

させて，読みの誤りを少なくしたいと考えました。

(1) **ステップ1：文字の弁別**

最初に表1の形が似た10種類（20字）の文字の読みを聞いて正しい文字を選択するための学習をしました。

表1　形が似た10種類の文字

|「あ・わ」「ち・ら」「ぬ・ね」「ぬ・め」「ね・む」「ね・れ」「は・ほ」「み・め」「ら・る」「お・の」|

図1に示すように平仮名1文字の注目してほしい部分に色をつけた文字カード2枚を提示し，指導者が読み上げた文字のカードをHくんと指導者が競い合いながら取るというゲーム形式で学習を行いました。

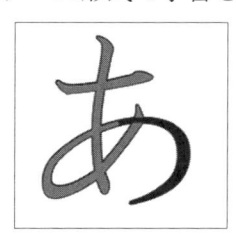

図1　色をつけた文字カード

学習後に指導者が読んだ平仮名に○をつける形式のテストを実施して，定着を確認しました。8回の指導で，ほぼ正答できるようになったので，次の指導ステップに移行しました。

(2) **ステップ2：2文字の単語の弁別**

2文字の単語1つ（例「ねあ」）を提示し，そのカードを部屋の中から探すゲーム形式で学習をしました。部屋の中には形が似た文字を含むもう1つの単語（例「れあ」）も隠されています。形の似た文字には，それぞれ異なる色をつけて，注目しやすいようにしています。単語は，最後の文字まで見なければ正しい単語を選べないようにしたいと考え，意味のない非単語にしました。指導する単語は1回につき10単語で，ステップ1で学習した形が似た10種類の文字を含みます。学習後に形が似た文字を含む3つの単語（例「れあ」「ぬあ」「ねあ」）を提示し，指導者が読んだ単語のカードを選ぶ形式で確認テストを行いました。形の似た文字には，それぞれ異なる色がついています。3回の指導で，ほぼ正答できるようになりました。

その後，提示する単語を3文字にして，同様の指導を行いました。指導後の確認テストでは，形の似ている文字も他の文字と同じ色にしました。4回の指導で，ほぼ正答できるようになりました。

(3) **フォローテスト**

指導を終えて2週間後にフォローテストを実施しました。表2に示す指導開始前に読めなかった12単語を全て正しく読むことができました。

表2　フォローテストの単語

|かめ，うさぎ，ばなな，たこあげ，てつぼう，とびばこ，なわとび，ぱぱいや，さくらんぼ，てんとうむし，ばいきんまん，ばどみんとん|

また，家庭ではお菓子やおもちゃなどの製品の箱に書かれた文字を自分から進んで読む様子が見られるようになり，読みに対する苦手意識が軽減されたと思われます。

Lesson 2

6 事例3

漢字の読みが苦手な中学生

対象児の概要
- 中学校通常学級に在籍，1年生男子
- 生後4カ月より，てんかん発作あり
- 3歳児健診で言葉や行動の遅れを指摘された
- 感覚統合障害の疑い（小学校3年）
- 中学校入学前　田中ビネー　IQ 87
- 漢字の読みが困難

1　支援のきっかけ

　中学校に入学した1年生が初めて受ける実力テストの時に，担任の先生はTくんが問題用紙と解答用紙の区別がつかないで困っていることに気付きました。小学校からの引き継ぎ資料には「通常学級では無理」としか書かれていません。学習の遅れや忘れ物が多いこと，友達と関わることや自分の気持ちを伝えることが苦手なTくんの様子から，担任の先生は，特別な支援が必要なのではないだろうかと考えていました。ちょうどその頃，Tくんのお母さんから担任の先生に相談がありました。相談の内容は，学習の遅れが著しく，国語や数学の授業についていけないので，別室で指導してほしいという特別な支援についての要請です。そこで校内の特別支援教育コーディネーターと教頭先生に相談をして，Tくんへの支援に取り組むことになりました。

2　支援の始まり

　校内では，今年度から新しく特別支援教育コーディネーターが指名され，校内支援委員会が組織されたばかりです。そこで，校内組織を整備し，特別支援教育についての全職員の理解の共有化を図り，Tくんへの具体的な支援方法を検討し，取り組みました。

　校内支援委員会ではTくんの支援について，①保護者の了解を得て，学級の生徒にTくんの個性について説明すること，②Tくんの自己有能感を高めること，③漢字の読みについての支援を重点としました。

　Tくんの学習面のつまずきは，漢字の読みが苦手であることが原因であると考えられました。漢字が読めないために，テストの問題用紙と解答用紙の区別がつかなかったのです。そこで，Tくんの認知面のつまずきを理解するためにK-ABCを実施しました。認知処理過程尺度は93，継次処理過程尺度92，同時処理過程尺度95で，知的な水準は平均の範囲内です。しかし，日常生活や教科学習の中で得られた知識や技能のレベルを測定する習得度尺度は62で，非常に劣っている範囲で，特に下位検査の［ことばの読み］の評価点が低く，相当年齢は7歳3カ月でした。小学校低学年からの漢字の読みのつまずきが，学習全般に影響していると考えられました。

3　支援の方法

　K-ABCの結果や大学，教育センターの先生からのアドバイスにより，担任の先生は，Tくんが漢字を見てイメージした絵を重ねて描くと読みを覚えやすいのではないかと考えました。Tくんは，絵を描くことが得意

で，漢字に重ねて絵を描く課題は，漢字の形全体と細部の関係を捉えることが必要です。この方法は，Tくんの強い認知能力「部分と全体の関係（統合）」を生かすことができると考えたのです。

指導には，くもん式の大判漢字カード（1995，くもん出版）を使用しました。

このカードはB6判の大きさで表面には絵，裏面にはその絵の名称が大きな漢字で書かれています。

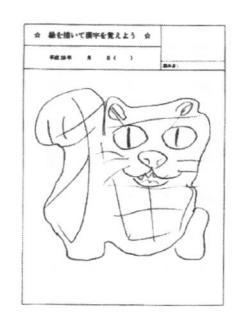

先生が提示したくもん式の大判漢字カードの「猫」という漢字を見て，Tくんが描いた絵が図1です。Tくんは，「猫」という漢字を見て，漢字の上にどうやって猫の絵を描こうか考えます。漢字の上に絵を重ねて描こうと考えている過程で，漢字の読みを覚えることができたようです。

図1

担任や学年の先生方と放課後に，この方法で漢字の学習に取り組みました。また，担任の先生から出された3個の漢字を絵で覚える宿題にも取り組むようになり，約80単語の漢字の読みを習得し，1カ月に実施した定着テストでも正答率は100％でした。

しかし，学習が進むにつれて絵ではイメージできない漢字が多くなったため，Tくんが2年生に進級してからは，選択教科の時間に取り出しの支援を行い，小学校のドリルを使用して国語と算数の学習をすることにしました。Tくんの所属学年だけでなく，校内支援委員会の呼びかけに応じて下さった他学年の先生方にも協力いただき，支援を行いました。Tくんは，いろいろな先生方と学習できることを楽しみしている様子も見られるようになりました。

3年生になるとTくんの成績が向上してきました。小学校のドリルを学習している段階なのに「なぜ，中3でのテストの点数が上がったのだろう？」と不思議に思ったのですが，読める漢字が増えたことにより，テストでの解答数も多くなったためではないかと考えました。本人が希望する職業訓練の学校への進学について，進路担当や担任の先生は，難しいのではないかと考えていましたが，Tくんは見事に合格することができました。

4　支援を終えて

学習が遅れている生徒に対して，学校の中では「やる気がないからだ」「集中力がない」という先生方の声を聞くことがあります。学習の遅れの原因を本人の努力不足であるとしても，なかなか改善しない場合が多いと思われます。Tくんの事例を通して，学習に対する意欲や集中力も含めて，児童生徒のつまずきを理解し，支援をすることが大切であることがわかりました。

Lesson 2

7 事例4

作文が苦手な小学生① 「認知機能の偏りは？」

対象児の概要
- 通常学級に在籍する小学校6年生，高機能自閉症と診断されている
- 算数の文章題など文章問題を読むことが苦手
- 小学校1年時から言語通級指導教室に通っている
- 国語で特に作文を苦手としており，作文を書く時の特徴として，決まったパターンの文章しか書けないことが多い

---

1 指導開始時の様子

Mくんは，口数が少なく，自分の気持ちをことばにすることが得意ではありません。学校での学習に遅れは見られませんが，作文を苦手としており，作文の苦手さについて「何を書いていいのかわからない」「2つのことを書いて1つにまとめるのは頭がパンクしそう」と言っていました。そこでMくんの作文のつまずきを考えるために認知機能の偏りについて，心理検査を用いたアセスメントを行いました。

2 心理検査を用いたアセスメント

(1) WISC-Ⅳの結果

全検査88 (83-94)							
言語理解指標90 (84-98)		知覚推理指標113 (104-119)		ワーキングメモリー指標71 (67-80)		処理速度指標83 (77-93)	
下位検査	評価点	下位検査	評価点	下位検査	評価点	下位検査	評価点
類似	10	積木模様	11	数唱	5	符号	7
単語	7	絵の概念	14	語音整列	5	記号探し	7
理解	8	行列推理	11	算数	7	絵の抹消	9
知識	7	絵の完成	9				
語の推理	10						

表1 WISC-Ⅳの結果

表1は，WISC-Ⅳの結果です。合成得点の後の（ ）内の数値は，測定標準誤差範囲を示しています。

各指標の合成得点を比較すると，特にワーキングメモリー指標（WMI）が低くなっています。また「強い能力と弱い能力の判定」から下位検査の［数唱］と［語音整列］が弱く，聞いたことを一時的に覚える能力（聴覚的短期記憶）やワーキングメモリーに困難さがあると推測されました。また「ディスクレパンシー比較」の下位検査レベルの比較［類似-絵の概念］では，［絵の概念］が強く，有意な差が見られました。このことから，聴覚的言語からの概念処理よりも視覚情報からの概念処理が強いと推測されました。

(2) DN-CASの結果

表2は，DN-CASの結果です。標準得点の後の（ ）内の数値は測定標準誤差範囲を示しています。

全検査76 (72-83)							
プランニング96 (89-104)		同時処理83 (77-92)		注意87 (80-97)		継次処理64 (60-75)	
下位検査	評価点	下位検査	評価点	下位検査	評価点	下位検査	評価点
数の対探し	10	図形の推理	7	表出の制御	6	単語の記憶	4
文字の変換	8	関係の理解	6	数字探し	9	文の記憶	4
語の推理	10	図形の記憶	9	形と名前	9	統語の理解	5

表2 DN-CASの結果

各尺度の標準得点を比較するとプランニングが高く，継次処理が低いという結果でした。継次処理の低さから，Mくんが聴覚的な短期記憶に困難があると考えられます。また，同時処理の下位検査［関係の理解］の評価点

が低いことから，空間関係に関する論理的・文法的な記述を理解することに困難さがあると考えられます。

(3) KABC-Ⅱの結果

表3は，KABC-Ⅱの結果です。標準得点の後の（　）内の数値は測定標準誤差範囲を示しています。

認知指標 97（93-101）							
継次尺度 72（67-80）		同時尺度 112（102-119）		計画尺度 96（88-105）		学習尺度 117（107-123）	
認知検査	評価点	認知検査	評価点	認知検査	評価点	認知検査	評価点
数唱	5	絵の統合	11	物語の完成	13	語の学習	11
語の配列	5	近道さがし	8	パターン推理	6	語の学習遅延	15
手の動作	7	模様の構成	16				

表3　KABC-Ⅱの結果

各尺度の標準得点を比較すると同時尺度と学習尺度が高く，継次尺度が低いという結果でした。［数唱］と［語の配列］の評価点の低さから，Mくんは聴覚的な短期記憶に困難があると考えられます。

3　総合的な解釈

WISC-Ⅳの結果から，Mくんはワーキングメモリーに弱さがあると考えられました。また，前川（2012）が「WISC-Ⅳのワーキングメモリー指標と相関が高い」と述べているDN-CASの継次処理尺度の標準得点についても低くなっていることから，この解釈は妥当ではないかと思われます。

黄（2009）は，学習障害児が作文に困難を示す要因の1つとしてワーキングメモリーの困難さに着目しています。作文を書くためには書く内容を保持しておきながら，今書いている文が文法的に正しいのか，適切な語彙を選択したのか，書いている文字は間違ってないのか，句読点は正しく打ってあるのかなどを絶えず確認しなければなりません。また，「書く内容の保持」と「書く」という作業を並列的に行うことによって，ワーキングメモリー容量が少ない学習障害児の作文には，様々なエラーが生じるのです。「2つのことを書いて1つにまとめるのは頭がパンクしそう」というMくんの言葉は，ワーキングメモリーの弱さを表していると考えられます。

DN-CASの継次処理尺度の標準得点の低さとKABC-Ⅱの継次尺度の低さから，Mくんは，入力された刺激を順番に処理することが苦手で，聴覚的短期記憶に困難があると考えられます。小学校では，作文を書く時に，原稿用紙を使用することが多いと思われますが，予め書く内容を考え，原稿用紙の最初から順番に記述する作業は，Mくんの苦手な継次処理能力を必要としているのです。

また，作文と関連する能力とされている計画能力については，DN-CASのプランニングが高く，KABC-Ⅱの計画尺度の標準得点も平均の範囲内であったことから，問題はないと考えました。

これらのことからMくんの作文のつまずきはワーキングメモリーと継次処理能力の弱さによるものと考え，その弱さに配慮した指導が必要であることがわかりました。

［文献］

前川久男（2012）：Vygotsky・LuriaからPASS理論とDN-CASへ―理論から実践（評価・指導）へ―．LD研究，21(1)，57-59

黄淵熙（2009）：学習障害のある児童への作文指導―ワーキングメモリへの負担の軽減を中心として―．東北福祉大学研究紀要33，365-373

Lesson 2

8 事例5

作文が苦手な小学生② 「概念地図の活用」

概念地図法

・命題の枠に埋め込まれた一連の概念的意味を表現するための図式的ツール（Novak & Gowin, 1992）を学習に用いる方法

・概念地図法によって，書く内容を予め構成しておくことが，限られた容量のワーキングメモリーを処理に向けられる（黄, 2009）

---

1 作文の困難

　服部・上野（2002）は，小学校通常学級の担任を対象にアンケート調査を行い，「学習困難を示している」と判断した児童の学習困難の特性とその学年推移による変化を分析しています。その結果，「書く」の領域において「漢字書き」「黒板写し」「作文」の3つについて，全学年で困難度が高いことが明らかになりました。「作文」を書くためには次のようなプロセスがあります。

① 取材「何を書くか考える」
② 構成「どのように書くか考える」
③ 記述「文章を書く」
④ 推敲「書いた文章を見直す」

　作文の苦手な子どもたちは，①取材と②構成でのつまずきが多く見られます。前項のMくんの場合も本人が「何を書いていいのかわからない」と言っているので①取材が苦手であると考えられます。

　作文の得意な子どもは，①取材と②構成を行いながら，同時に③記述をします。つまり，「何を書こうか」「どのような順番で書こうか」を考えながら，文章を書くのです。しかし，Mくんの場合はワーキングメモリーの弱さがあるので，①取材と②構成を行いながら，同時に③記述をすることが難しいと考えられます。そこで，Mくんの①取材の苦手さとワーキングメモリーの弱さに配慮した指導法として概念地図法を用いることにしました。

2 概念地図法

　概念地図は，命題の枠に埋め込まれた一連の概念的意味を表現するための図式的ツール（Novak & Gowin, 1992）を学習に用いる方法です。図1は概念地図の例です。真ん中の丸で囲まれている「お泊り会」がテーマ（命題）です。そのテーマから思い浮かぶことを線で結び，書き込んだこと（「きもだめし」「デザートづくり」など）を概念とよびます。

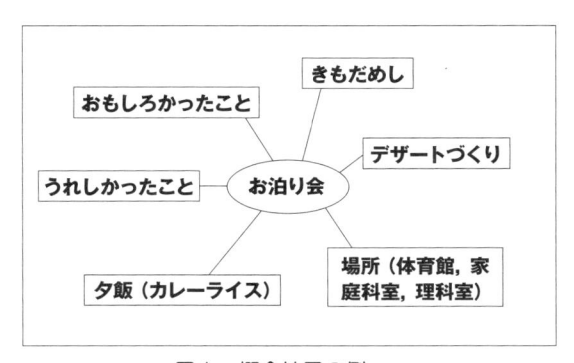

```
   おもしろかったこと        きもだめし
                              
                          デザートづくり
   うれしかったこと   お泊り会
                              
                          場所（体育館，家
   夕飯（カレーライス）    庭科室，理科室）
```

図1　概念地図の例

　概念地図を作成することによって，作文のテーマについて，予め何について書くかを考えておくことができるため，①取材の苦手さ

を補うことができます。黄（2009）は、書く内容を予め構成しておくことが、実際に作文を書く際に限られた容量のワーキングメモリーを処理に向けられると述べています。つまり概念地図を作成することにより、Mくんの①取材の苦手さとワーキングメモリーの弱さに配慮できると考えました。

WISC-Ⅳの結果から、Mくんは聴覚的言語からの概念処理よりも視覚情報からの概念処理が強いと推測されましたが、概念地図法では、強い視覚情報からの概念処理能力を活用できます。さらに概念地図法では、複数の情報を視覚的に同時に処理する同時処理能力を必要とするので、Mくんの弱い継次処理能力に配慮することもできます。

また、予め書く内容を構成してから作文を書くことは、作文の計画を立てることや書く内容の選択、自分の考えを整理することとなり、②構成に対しても効果が期待できるのではないかと考えました。

3　指導方法

Mくんへの概念地図を用いた作文指導は、週1回30分程度、14回の指導を行いました。1回の学習の流れは次の通りです。

① 概念地図を用いた題材の設定
　決められたテーマについて、思い浮かぶことを自由に書き、概念地図を作成する。
② 概念地図の追加・修正
　指導者との質疑応答を通して、概念地図に書き足すことや修正することを考える。
③ 執筆
　概念地図を見ながら、書く順序を考え、作文を書く。

Mくんが書いた作文を分析すると、概念地図を作成することにより、徐々に作文の文字数が増加しました。指導前の作文では、文字数の平均値が103文字でしたが、後半8回の指導では、作文の文字数の平均値が201文字になりました。初めの頃はテーマからリンクを伸ばし概念を書いているだけでしたが、概念からさらにリンクを伸ばし概念を書き込んだり、書き込む概念が単語から文へと変化するなど概念地図が精緻化したと考えられます。

指導を進めていく中で、Mくんは書き終えた概念地図や作文を見て「今日はいっぱい書けた」「いっぱいキーワードが出たな」と嬉しそうに話す様子が見られました。

また、Mくんのお母さんから、学校の国語の授業で調べたことを文章にし、発表する課題が出された際に、Mくんが自分から紙に概念地図を書き、書く内容を整理してから課題に取り組んでいたという話を聞くことができました。指導者がMくんに「学校の先生に国語の時間に発表してほめられたんだって？」と尋ねると、「クラスで1番だった」と嬉しそうに答える様子も見られました。

［文献］
黄淵熙（2009）：学習障害のある児童への作文指導―ワーキングメモリへの負担の軽減を中心として―．東北福祉大学研究紀要33．365-373
服部美佳子・上野一彦（2002）：通常学級に在籍する学習困難を示す児童の学力の特性と教育的対応．LD研究，11(3)，280-292
Novak, J.D.&Gowin, D.B・福岡敏行・弓野憲一監訳（1992）：子どもが学ぶ新しい学習法―概念地図法によるメタ学習―，東洋館出版社

Lesson 2

9 ピンポイント指導とは
子どもの行動を解釈する

> **子どもの行動を解釈する**
> 『発達障害児へのピンポイント指導』
> ～行動を解釈し，個に応じた指導を編み出す～
> 青山，五十嵐，小野寺（2009，明治図書）
>
> 発達障害の子どもたちが示す行動の意味を解釈し，ふさわしいアセスメントに基づいて指導を展開する，まさに，この一連のアプローチこそが「ピンポイント指導」であり，「個に応じた指導」であると私たちは考えています。

1 子どもの行動を解釈する

ある中学校でのエピソードを紹介します。3学期の始業式の日，1年生の担任のN先生が特別支援教育コーディネーターのところに相談に来ました。「先生，聞いてください！ 冬休み前にあんなに丁寧に説明したのに，Kさんが書き初めに何て書いてきたと思います？」とN先生は怒っています。N先生は広汎性発達障害の疑いのある女子生徒のKさんのことで，何度かコーディネーターに相談していました。「何て書いてきたのですか？」と尋ねるとN先生は，「罵詈雑言」と答えました。思わずコーディネーターの先生が笑うと，「何がおかしいんですか？ いったいKさんは何を考えているのでしょう？」とN先生はさらに怒ってしまいました。コーディネーターが「どうして『罵詈雑言』と書いたのかKさんに理由を聞きましたか？」と聞くとN先生は「そんなこと聞いていません」と言うのでコーディネーターが直接Kさんに話を聞くことにしました。

Kさんは「書き初めとは，新年に頑張ろうと思うことなど決意のことばを書くとN先生が教えてくれました。うちのクラスは女子の仲が悪く，お互いにいつも陰口を言い合っています。私は，今年それをなくしたいと思いました」と教えてくれました。Kさんは，ふざけていたわけではなく，N先生の説明もよく理解していて，新年にクラスの中の「罵詈雑言」を減らしたいと願い，書き初めをしたのです。このように行動の意味を解釈しなければ，私たちは誤った子ども理解をしてしまうことになります。

2 行動の解釈の実際

教室の中での子どもの行動の解釈について考えてみましょう。

先生の話を聞くのが苦手で，先生の質問と関係のないことを答えてしまうDくんの例です。

> 明日はみんなが楽しみにしている運動会です。2年生の教室では，担任の先生が日程や持ち物など大事なことについて説明しています。
>
> 「明日の登校は何時ですか？」と先生が質問するとDくんが「はい」と元気よく手をあげて答えるのですが，質問と関係のないことばかり答えてしまいます。

なぜDくんが先生の質問と関係ないこと

を答えてしまうのか，その原因をいくつか考えてみました。

① 話の一部しか聞いていない，または話の中の興味のある部分しか聞いていないという場合が考えられます。たくさんの情報の中から必要な情報に注意を向ける「選択的注意」の能力が弱いと，本質的ではない情報に注意を向けてしまいます。先生の運動会の説明を聞いていたDくんの興味が，家族と食べるお昼ごはんに向いてしまい，先生の質問に注意を向けることができていなかったので，登校時間ではなくお弁当のことを答えてしまったと考えることができます。

② 話の前半部分を忘れてしまい，後半の部分しか覚えていないという場合も考えられます。聞いたことを数十秒程度覚えている「聴覚的短期記憶」の能力が弱い子どもは，聞いたことを覚えていることが苦手です。特にお話の前半部分を忘れてしまい，後半部分しか覚えていないということがあります。Dくんは先生の質問の後半部分の「何時ですか？」しか覚えられなかったので，登校時間ではなく，競技の開始時間やお昼ごはんの時間を答えてしまったのかもしれません。

③ 先生の質問に答えているうちに，思いついたことを次々に言ってしまうという場合も考えられます。先生の質問に答えて，登校時間を答えようと思ったのですが，登校してから始まる運動会の応援合戦やリレーなど，楽しみにしていることが次々と頭にうかんできて，衝動性を抑えられなくなり，話したいことを言わずにいられなくなってしまう場合もあります。

3 指導方法の検討

このように，先生の話を聞くのが苦手で，先生の質問と関係ないことを答えてしまう子どもの行動の意味を解釈すると，様々な原因が考えられます。Dくんの例では3つの原因を考えましたが，子どもによってはこの他にも多くの原因が考えられる場合もあります。指導方法を考えるためには，その子どもの行動を解釈し，原因に応じた対応が必要となります。Dくんの行動の原因に応じた指導方法を考えてみます。

(1) 選択的注意の問題

関係のない情報に注意が向かないように配慮することが必要です。大事なことのみ板書する，大事な部分を強調して話すなど，子どもに伝えたいことに注意が向くように働きかけます。

(2) 聴覚的短期記憶の弱さ

説明はできるだけ簡略にし，短い文で話すことが必要です。苦手な聴覚的な情報より，板書やワークシートなど視覚的な情報を提示することが有効です。

(3) 衝動性の問題

子どもが話す前に先生が「何について話すのかな？」など声をかけて，確認する方法があります。子どもの話している話題がそれてしまった時には「○○についての話だよね」と先生が声をかけてあげることも必要です。

[文献]
青山眞二・五十嵐靖夫・小野寺基史編（2009）：発達障害児へのピンポイント指導．明治図書

Lesson 2

10 優れた実践者から学ぶ

個に応じた指導とは

> **個に応じた指導とは**
> ～優れた実践者に学ぶ～
> よい授業
> 斎藤喜博（1970）童子抄・続童子抄．斎藤喜博全集第2巻，国土社
>
> 教師の禁句「静かにしなさい！」
> 大村はま（1973）教えるということ，共文社

1 個に応じた指導

特別支援教育は，障害のある児童生徒に対してその一人一人の教育的ニーズを把握し，適切な教育や指導を通じて必要な支援を行うものです。適切な指導のためには障害特性や認知特性を理解し，一人一人に応じた指導の個別化が必要となります。指導の個別化とは，個別学習をすることではなく，一人一人に応じて目標，指導内容，指導方法，評価を個別化することです。特別支援学校や特別支援学級においては，指導の個別化が図られていますが，通常の学級においての指導の個別化は難しいと思っている先生もいるようです。しかし，指導の個別化は，特別支援教育のみにて行われているものではありません。今日までの教育に情熱を傾けた優れた実践者に学びたいと思います。

2 斎藤喜博先生に学ぶ

小中学校の教師を経て，小さな小学校の校長となった斎藤先生は，ここで有名な「島小教育」を実践されました。退職後も様々な大学で教員養成に携わり，多くの著書を執筆されています。教師時代から大学教員時代を通して斎藤先生が，一貫して追求されたのが授業です。その著書の中に「よい授業」をするために必要なことが書かれています。

> よい授業をするためにはよほど教材研究および子どもの研究をよくしなければならない。教材そのものをしらべることはもちろん，「ここのところはだれとだれにはわからないだろう」「ここのところは子どもたちはこうまちがうかもしれない」「優等生にはここのところはこう勉強させ考えさせてやろう」「ここのところは劣等生だけ集めて教えてやろう」というような現実の子どもに即した計画を立てなければならない。
>
> 斎藤（1970）

> 右のような授業をするためには，一斉授業だけではとうてい駄目である。子ども一人ひとりが，己れの力および相互の力で自発的に学習する場面をできるだけ多くつくり，その間に教師が徹底的に全体および個人個人を指導し，個人個人の進みぐあいを観察指導するというようにしなければならない。
>
> 斎藤（1970）

このように斎藤先生は，集団での学習場面においても，一斉授業だけではなく，個人個人を指導されていました。斎藤先生は座席表の個々の子どもの名前のところに，考査や調査の結果を符号で書き記した能力分布図を作成して授業計画を立てました。特別支援教育において目指す指導をすでに実践されていたのです。

3　大村はま先生に学ぶ

国語教育家として有名な大村先生は，子どもの実態と課題に応じたオーダーメイド式の教育方針「大村単元学習法」を実践されました。その著書の中に「静かにしなさい！」は教師の禁句であると語られています。

大村先生は，戦後，中学が創設された時に江東区の中学校に赴任し，教室が足りないため2クラス（100名）一緒に授業をすることになりました。100人の子どもが「ウワンウワン」とさわいで，さすがの大村先生もどうしようもなく，途方にくれました。その後一策を案じつき，大村先生は，疎開の荷物の中から新聞とか雑誌とか，とにかく色々なものを引き出し，教材になるものをたくさん作りました。それに一つ一つ違った問題をつけて100通りの教材を作成したのです。

子ども一人一人に対して，個別の学習課題を準備することによって100名の生徒が一緒の授業を展開したのです。子どもの実態と課題に応じたオーダーメイドの教育は，まさに特別支援教育が目指すものです。

さらに大村先生は，こう述べられています。

> そうしたら，これはまたどうでしょう，仕事をもらった者から，食いつくように勉強し始めたのです。私はほんとうに驚いてしまいました。そして，彼等はほんとうに「いかに伸びたかったか」ということ，「いかに何かを求めていたか」ということ，私はそれに打たれ，感動したのです。

大村（1973）

> 私は，みんながしいーんとなって床の上でじっとうずくまったり，窓わくの所へよりかかったり，壁の所へへばりついて書いたり，いろんなかっこうで勉強をしているのを見ながら，隣のへやへ行って思いっきり泣いてしまいました。そして，人間の尊さ，求める心の尊さを思い，それを生かすことができないのは全く教師の力の不足にすぎないのだ，ということがよくわかりました。

大村（1973）

大村先生が「静かにしなさい」と言う時は，心に冷たい涙を流し，慚愧にたえぬ思いであり，ほかに能力がなくてこの人たちを静かにする案ももたなかったし，対策ができなかったから，万策つきて，敗北の形で「静かにしなさい」という文句を言うんだと述べられています。

大村先生の言葉は，その子どもの問題やつまずきは，指導する先生との関係性の中で表出していることを忘れてはいけないことを教えてくれています。

[文献]
斎藤喜博（1970）童子抄・続童子抄．斎藤喜博全集第2巻．国土社．p239-240
大村はま（1973）教えるということ．共文社．p62-63

Lesson 3

「適切な支援」 ～校内支援体制の確立を目指して～

1 苦悩する教師たち

これが現実？ サポートが得られない中で…

> 　講義の中で出された事例が自分の姿と重なりすぎで驚きました。児童は，最近，ここまで暴れることがなくなってきましたが，職場の雰囲気がそのままです。やっとの思いで学級の子どもを帰し，気持ちを休めようと職員室へ戻り，仕事をしていると，大きな声で笑い声を上げたり談笑が始まります。本校にはミニ学校祭のような行事があるのですが，先日の職員会議でも「学級を高める行事にしましょう」という提案が出され，「それどころでない。もっと状況を考えて提案してくれ」などと反論しても，周囲でわかってくれたのは学年主任の先生１人だけであとは「…」，結局，通過してしまいました。納得がいかず，後で教頭にも考えを聞いたら「あれは，あなたが言い過ぎだ」と返される始末でした。最近では，放課後，職員室にいるのも嫌になり，教室で仕事をする方が増えてきました。
>
> （教職大学院生（現職小学校教員）の感想）

1 苦悩する教師たち

　上の資料は，私の教職大学院で学んでいる現職教員のレポートの一部です。実は，河村茂雄氏の著書で紹介された事例を講義で取り上げたところ，その感想として提出されたものでした。彼にとって，この事例は人ごとではなかったのでしょう。いや，彼に限らず，このようなケースは特別なことではなく，日常的に起こっていることかもしれません。事例の詳細については，河村氏の著書を読んでいただくこととし，内容について簡単に紹介したいと思います。

　小学校２年で転校してきたＡくんは，毎年受け持ちが替わってしまうほど，様々なトラブルを起こしていました。Ａくんが４年生になった時，校長の強い希望で30代男性のＢ教諭が担任になりました。年配の先生も「Ｂさんは学校の宝だから，みんなで担当しましょう。若い先生はみんなが援助しやすいから，その窓口にちょうどいいわ」と言ってくれました。しかし，現実は大変厳しく，多動で衝動的に動き回り，攻撃的なＡくんから一時も目を離すことができないため，Ｂ先生は職員朝会にさえ出られない状態でした。忙しいという理由から同僚のサポートも得られず，校内体制もなく，Ｂ先生はどんどん追い込まれていきます。さらに拍車をかけたのが，授業や行事の参加の仕方を全ての学級で同じようにしなければならない学年方針でした。Ｂ先生はさすがに厳しくなって校長に相談しますが，校長からは「みんなそれぞれ頑張っているのだから，あなたも愚痴を言わず

に頑張って下さい」と叱咤激励されるだけでした。Aくんの感情が爆発するたびに授業が中断し，他の子どもたちも落ち着きをなくしていくにつれ，B先生は学級の子どもを叱責することが増えていきました。放課後，やっとの思いで職員室に戻っても，お茶を飲みながら談笑している同僚の姿を見て，B先生は情けない気持ちで一杯になったようです。

結局，嵐のような1年が終わり，B先生は保護者から「ダメ教師」とうわさされ，逃げるように異動していきました。さらに，この話には落ちがあり，次年度，Aくんを受け持った教員は，やはり新しく赴任してきた30代の男性教師だったそうです。

2　諸悪の根源はどこにあるのか

さて，このエピソード，皆さんはどのように感じられましたか。過去に同じ体験をされた方，いや，ひょっとしたら，現在そのことで悩んでいる先生もいらっしゃるかもしれません。炉辺談話と言いますが，職員室でみんなで楽しく情報交換をすることはとても大事なことです。しかし，B先生のように精神状態が一杯一杯になると，楽しいはずの雑談までが自分を苦しめ，みじめさまでもおそってくるように思えてきます。

それではこのケース，いったいどこに問題があるのでしょう。B先生が悪いのですか？同僚ですか？　もちろん，A児に責任を押し付けるのは本末転倒です。それでは，管理職？　確かに，校長にもう少し配慮があれば…ということは否定しませんが，管理職ができることにも限界があるでしょう。誰が悪い

ということではなく，おそらく，ここでのポイントは，最初に年配の先生から提案のあった「Bさんは学校の宝だから，みんなで担当しましょう。若い先生はみんなが援助しやすいから，その窓口にちょうどいいわ」と言ったことが実行されず，絵に描いた餅になってしまったことだと思うのです。

どんなに優秀な先生でも，特別支援教育は1人の力だけでは成功しません。力のある先生が一生懸命頑張っても，周りのサポートが得られなければ物事はうまく進まないばかりか，結果的にその先生に極度の負担がかかり，精神的に追い込まれ，とうとう病気になってしまったというケースを私は何度も見てきました。特別支援教育はチームを組んで取り組むこと，これが絶対条件です。具体的な実践例，成功例はあとでご紹介しますが，チームで取り組むための第一歩は，教職員全員が共通理解を図ることです。まずは，困難なケースについての情報整理を学校全体で行い，教職員それぞれが自分なりの対応策を出し合い（私はこれを"抽出しの共有化"と言っています），それから，全体で望ましい対応策を絞り込んでいくという作業が必要となります。最初は時間がかかりますが，これを続けていくことで先生方はぐんぐん力をつけていきますし，チームで対応することで困難なケースも着実に改善の方向に向かっていくと実感しています。

［文献］
河村茂雄（2005）：ここがポイント学級担任の特別支援教育．図書文化．

Lesson 3

2　校内支援体制を構築する上での諸課題①

学級の中で起こっている問題

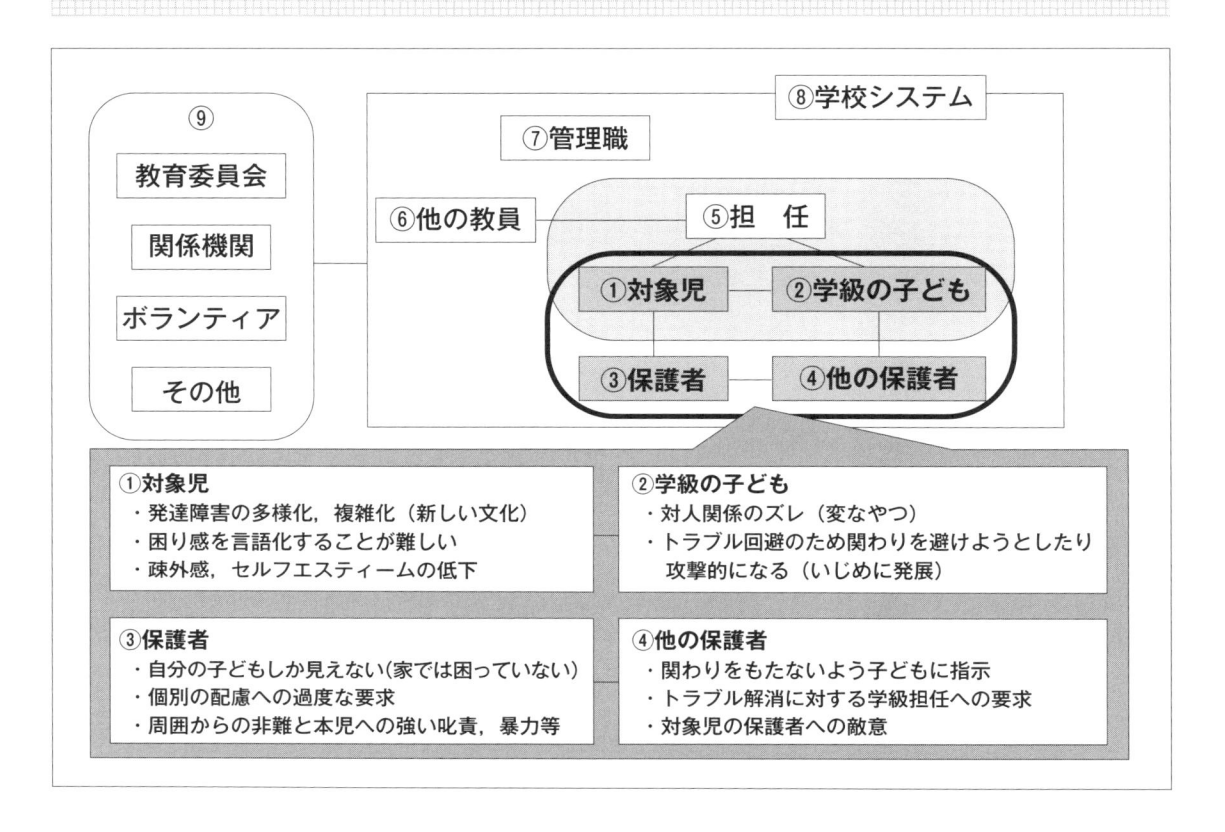

```
⑧学校システム
 ⑨              ⑦管理職
 教育委員会         ⑤担　任
 関係機関    ⑥他の教員
 ボランティア      ①対象児   ②学級の子ども
 その他          ③保護者   ④他の保護者
```

①対象児
・発達障害の多様化，複雑化（新しい文化）
・困り感を言語化することが難しい
・疎外感，セルフエスティームの低下

②学級の子ども
・対人関係のズレ（変なやつ）
・トラブル回避のため関わりを避けようとしたり攻撃的になる（いじめに発展）

③保護者
・自分の子どもしか見えない（家では困っていない）
・個別の配慮への過度な要求
・周囲からの非難と本児への強い叱責，暴力等

④他の保護者
・関わりをもたないよう子どもに指示
・トラブル解消に対する学級担任への要求
・対象児の保護者への敵意

　上の図は発達障害のある子どもの学級とその保護者間で生じている問題です。トラブルが生じるポイントは関係性です。それでは，一つ一つのケースについて見ていきましょう。

1　対象児の問題

　①は発達障害のある対象児の問題です。ご承知のように，LD，ADHD，広汎性発達障害等は，目に見えない障害とも言われており，その状態像は多様で複雑です。また，発達障害の特性である，落ち着きがない，空気が読めない，冗談が通じない，妙にかみ合わないなどの状態を，本人の能力や性格の問題として片付けてしまうことも少なくありません。このタイプの子どもたちは"どうもうまくいかない"という感覚はあっても，それを適切に言語化することができず，ストレスをどんどんため込んで，最後には風船がはじけるように感情を爆発させてしまいます。友達と遊びたいのに，関わり方がわからず，友達の嫌がることを続けてますます，友達から避けられてしまうといった悪循環に陥ってしまうのです。自己否定から，「俺なんていない方がいいんだ」とか「俺なんて死んだ方がいいん

だ」などと2階の窓から飛び降りようとしたケースもありました。

2　学級の子ども

②は対象児を取り巻くクラスメイトの問題です。新学期早々は担任の努力もあり，みんなで学級集団づくりに励むのですが，時間がたつにつれ，「あいつは変なやつ」「どうもウマがあわない」といった感覚が他の生徒の心の中に生まれてきます。成績が優秀でほとんどの教科で「5」をとっていたアスペルガー障害の中学生のAくん。Aくんは，怪獣をやっつけるヒーローもののフィギュアが大好きで，新しいものが出るたびにそれを友達に見せては解説していました。友達のBくんも最初はなるほど，ウンウンと関心を示していましたが，何度も繰り返し説明されて嫌気がさし，「もうわかったよ。俺はそんなガキみたいなやつにつき合ってられないよ」とAくんの肩を軽く突き放し，その場から立ち去ってしまいました。するとどうでしょう。Aくんは血相を変えて職員室の担任のところに飛んで行ってひと言，「Bが僕をいじめます…」感覚の微妙なズレというのはこういったところから生じてくるのでしょう。今後，おそらくBくんはAくんを避けるようになるでしょうし，Aくんが執拗にBくんにつきまとえば，今度はBくんからの攻撃を受けて，いじめに発展する可能性もありえるのです。

3　保護者の問題

③は対象児の保護者の問題です。保護者は自分の子どもに何らかの育てにくさを感じていたでしょう。「しつけがなってない」等の非難を浴びせられ，子育てに苦しんでいたかもしれません。母親は愛する子どものために専門書を読みあさり，発達障害の学習会や研究会で勉強し，必死で子育てをしています。勉強すればするほど，学校の不適切な対応が許せず，担任や学校に過度な要求を求めてきます。一方で，担任が本児の生活上のトラブルを保護者に訴えても，「家では困っていない。学校でトラブルを起こすのは，学校の対応が悪いからだ」と開き直られてしまうこともあります。そして最後には，周りからの非難や夫からの攻撃に耐えられず，本児に対する強い叱責と暴力から虐待に発展してしまうケースも少なくありません。母親が一生懸命頑張れば頑張るほど，ますます状態が悪化するということは珍しくないのです。

4　他の保護者の問題

④は他の保護者の問題です。自分の子どもから学校の様子を聞いて，今後，当該児童と関わりを持たないように促したり，「自分の子どもにも学習権がある」と担任に訴え，当該児童に対する指導の強化を求めることもあります。究極は，次年度に当該児童と同じクラスにならないよう校長に直談判することもあります。一方で，このような事態になったのは全て当該児童の保護者のせいであると，懇談会等で保護者を責めて，学級が紛争状態になってしまうこともあります。

[文献]
進一鷹（2007）：特別支援教育を担う教師のトレーニングプログラム開発に関する研究（科研費報告書）．熊本大学教育学部障害児教育学科．

Lesson 3

3 校内支援体制を構築する上での諸課題②

担任や他の教員，管理職が感じている問題

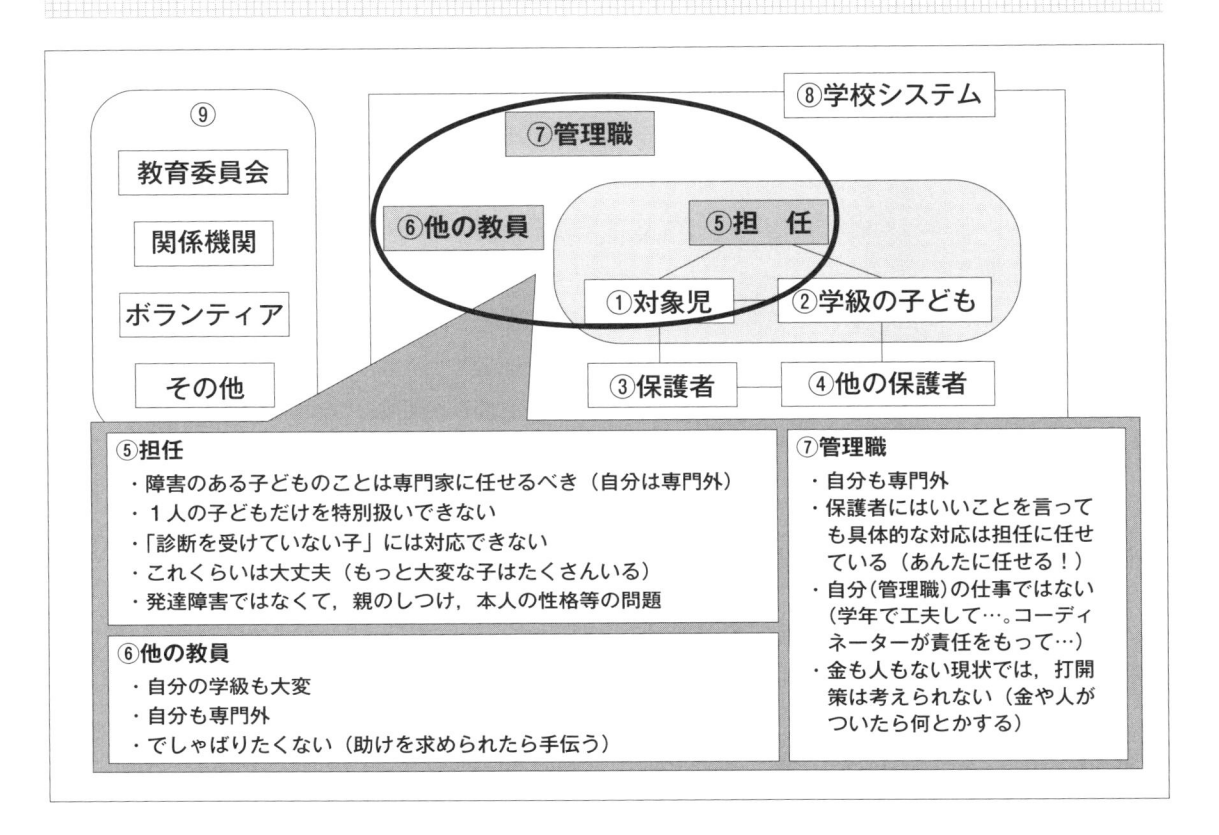

```
⑨
  教育委員会
  関係機関
  ボランティア
  その他

⑧学校システム
  ⑦管理職
  ⑥他の教員    ⑤担　任
              ①対象児  ②学級の子ども
              ③保護者  ④他の保護者
```

⑤担任
・障害のある子どものことは専門家に任せるべき（自分は専門外）
・1人の子どもだけを特別扱いできない
・「診断を受けていない子」には対応できない
・これくらいは大丈夫（もっと大変な子はたくさんいる）
・発達障害ではなくて，親のしつけ，本人の性格等の問題

⑥他の教員
・自分の学級も大変
・自分も専門外
・でしゃばりたくない（助けを求められたら手伝う）

⑦管理職
・自分も専門外
・保護者にはいいことを言っても具体的な対応は担任に任せている（あんたに任せる！）
・自分（管理職）の仕事ではない（学年で工夫して…。コーディネーターが責任をもって…）
・金も人もない現状では，打開策は考えられない（金や人がついたら何とかする）

　次に，担任や他の教員，管理職が感じている問題について考えてみます。

1　担任の問題

　特別支援教育が全ての学校で実施されることになったといっても，今まで特殊教育に携わったことのない教員にとっては，自分は専門外だからわからないという意識は未だに強く残っています。もっと言えば，これは専門家がやる仕事で，自分の指導の域を越えているからできないと開き直ってしまうケースもあります。また，今まで培ってきた自分の指導観を変えてまで特別支援教育という新しい課題に向き合おうという姿勢が見られなかったり，日本にはいい意味でも悪い意味でも一斉指導という伝統的な指導観があり，「発達障害の子どもだけを特別扱いできない」とか，「この子はあくまでも40分の1」といった考え方を払拭できないケースもあります。他にも，医者の診断がない限り対応しないと保護者に強く病院に行くよう迫ってトラブルを起こしたり，困った行動の原因を「親のしつけ」や「根気がない」「性格が悪い」と本人の性格の問題として片付け，保護者が我が子

への配慮をお願いしても,「もっと大変な子はたくさんいる」と相手にしてくれないケースもあります。

2 他の教員の問題

学年の同僚に特別支援教育に詳しい先生がいればまだ救われるものの,一般的には担任同様,自分も専門外と感じている先生は少なくないでしょう。しかも,発達障害の子どもが学級の中に6.5％在籍するという報告からすると,どの学級にも配慮の必要な子どもは2～3人は在籍しているのです。同僚から助けを求められても,自分の学級も大変と感じていたり,自分の学級は自分で守るという強い信念をもっている教師もいます。このような意識が水面下で生じていると,同僚の大変さは感じていても,自分からは積極的に手を出せない,助けを求められたら協力するといった受け身の姿勢になり,事態がどんどん悪化してしまうのです。

3 管理職の問題

せめて管理職くらいはわかってほしいと感じていても,「俺も専門家ではないから…」と一蹴されて,管理職からも見放されて,四面楚歌状態に陥ることもあります。せめて,「俺は専門家ではないけど,まずは君の話を聞いて,いい方法を考えよう。俺にできることはできるだけやるから!!」なんて言ってくれる管理職がいたら,きっと担任は心強いでしょうね。

一方で,相談に訪れた保護者に対しては,「お母さん,私が何とかします。安心してお子さんを預けて下さい!!」などと立派なことを言っておきながら,保護者が帰った途端,担任を捕まえて,「あとはあんたに任せるから。よろしく!!」これでは,何にもなりません。「あとは学年でよく相談して」「コーディネーターと協力して…」と言うことが間違いではありませんが,管理職には管理職の役割,やらなければならないことはたくさんあるはずです。火中の栗を拾おうとせず,管理職の役割を放棄してしまっては,学校ぐるみで特別支援教育を推進することはできません。

最後に,「金も人もつかない状況では何もできない。教育委員会がきちんと体制を整えてくれたらやる!!」と苦情を言う管理職もいます。校長先生のお気持ちはわからなくもないですが,とりあえず自分の持っている人的,物的資源を上手に活用して,少しでも改善に向けた方向性を示していかないと,学校は思考停止状態に陥ってしまいます。

Lesson 3

4　校内支援体制を構築する上での諸課題③

学校システムやその他のシステムの問題

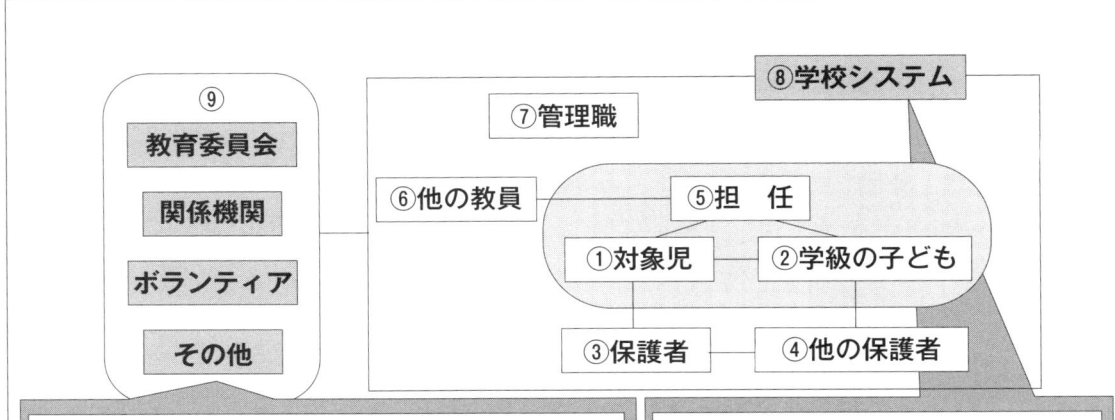

⑨その他のシステム
- 教育委員会：学校を支援するための様々な施策の早急な実施　教育相談機能等の充実，情報の共有化
- 関係機関：学校支援のための財政措置（支援費制度，障害児等療育支援事業等），「学校教育」に対する理解不足
- ボランティア：学生地域のマンパワー導入と人材活用バンク等のシステム構築（教育委員会が大学や地域と連携して）
- その他：支援ファイルによる支援情報の引き継ぎと効果的な活用〈個別の（教育）支援計画の実施と情報の共有化〉

⑧学校システム
- 「校内学びの支援委員会」は設置されているが機能しておらず，校内支援システムが確立されていない。担任の力量に任されている
- コーディネーターが超多忙であったり，孤軍奮闘している。または，ただ機械的に配置されている
- ケースによる軽重が整理されておらず，対応等の優先順位が検討されていない
- 保護者や他職種の専門家，学校全体で協働（コラボレーション）して指導に当たるという文化がまだ十分育っていない

　次に学校システムとその他のシステムの問題について考えてみましょう。

1　学校システムの問題

　特別支援教育が始まって，ほぼ全ての学校で校内委員会が設置され，特別支援教育コーディネーターが校務分掌に位置づけられるようになりました。しかし，それが機能しているかどうかは別の問題です。

　校内委員会はとりあえず設置されているものの一度も会議が開かれたことがない，特別支援教育コーディネーターは指名されているが，輪番制であったり，特別支援という名のもとに特別支援学級の担任がただ単純に指名されているなど，学校における特別支援教育のねらいや見通しがないまま，ただ形式的なものになっているとしたら，これらのシステムは機能するはずもありません。一方で，特別支援教育コーディネーターに力のある教員が指名されても，学級担任と兼任している場合には，担任が超多忙となってやはりうまく機能しません。また，先述の例のように，コーディネーターがどんなに頑張っても，周りの教員の理解が得られず孤軍奮闘してしまえ

ば，コーディネーターがつぶれてしまうだけです。

ご承知のように，特別支援教育に関わる問題は日々，次から次へともち上がってきます。ここで大切なのは，問題が生じた時，あれもこれも手をつけるのではなく，問題の軽重を整理し，どのケースから対応していくのか優先順位をつけることです。どのケースが緊急を要するのか。早急に対応しなければ重篤となりそうなのはどのケースか。また，対応するスタッフについても，担任だけで済むのか，管理職が対応するのか，外部の専門家の力が必要なのか，学校全体で動かなければならない問題なのか，ケースに応じて臨機応変に対応する柔軟性が必要です。やはりここでも特別支援教育コーディネーターの調整力と管理職の判断力が求められると思います。最後に，現在は学校評議員制度等で地域の人や外部の専門家が学校システムに参画できるようになり，学校の垣根もずいぶん低くなりました。特別支援教育はチームで行うということから，コラボレーション機能を有効に発揮して推進していくことが求められています。外部の専門家はもとより，地域のマンパワー，そして当事者である本人や保護者を交えて，ケース検討会議が開かれることが大切です。

2 その他のシステムの問題

教育委員会は，特別支援教育の充実に向けて，人や金をつけるといった重要な役割があり，早急に有効な手立てや施策を検討していく必要があります。特に，教育センターや相談センター等の充実，支援員の派遣，巡回相談員や専門員の派遣事業等の充実を実現してほしいと思います。

他の関係機関としては，発達障害に対応する児童精神科や臨床心理士等が少しずつ充実し，ST（言語聴覚士），OT（作業療法士），PT（理学療法士）等の専門家の支援，発達支援センターや発達障害児に対する放課後支援等の福祉的なサービスも充実してきました。また，学生ボランティアや支援員（学びのサポーター）も充実してきました。支援者が自分の仕事と他の専門家の仕事を正しく理解し，それぞれの役割を上手に調整しながら，ふさわしい支援に当たりたいものです。これからの課題は，そういったたくさんのサービス機関で支援を受けている子どもたちに対するネットワークの問題です。発達障害の子どもたちを支援するのは学校だけではないという認識に立って，関係機関とのネットワークを大切にしていきたいものです。ネットワークは縦軸と横軸で考えていく必要があり，もう1つのネットワークは縦軸の連携です。子どもが生まれてから，将来，社会の中で豊かな生活を送っていくためにも，子どもの将来を見据えた支援が必要となります。そのために有効なのが，「支援ファイル」です。主に保護者がそれを管理し，その情報を横軸と縦軸の支援者に提供していくことで，切れ目のない支援が可能となります。この支援ファイルについては，全国各地で大変素晴らしいものが作成されています。是非インターネット等で「支援ファイル」と検索してみて下さい。

Lesson 3

5 事例から学ぼう

1つのケースが学校全体に広がった!!
～通常学級における障害のある子どもへの支援の実際～

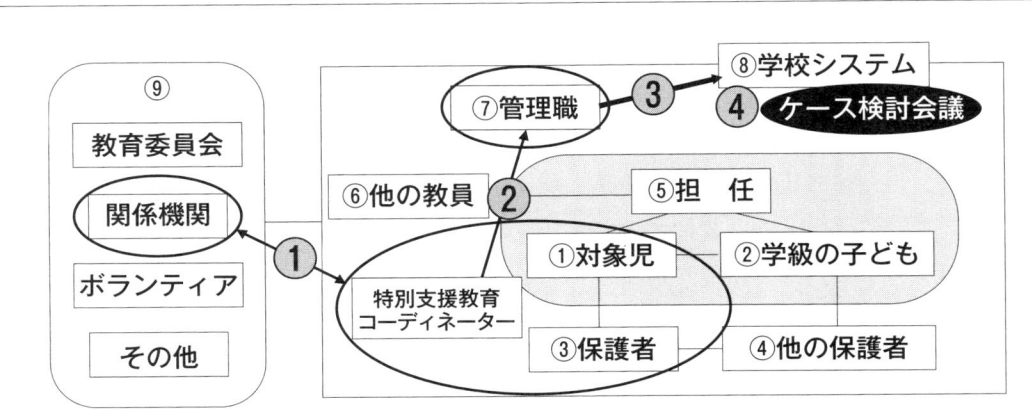

```
⑨                    ⑧学校システム
 教育委員会      ⑦管理職  ③→ ④ケース検討会議
 関係機関   ⑥他の教員  ②  ⑤担任
 ボランティア     ①    ①対象児  ②学級の子ども
 その他   特別支援教育コーディネーター
                      ③保護者  ④他の保護者
```

①本人,保護者,コーディネーターが教育センターで教育相談を受ける。
②校長に報告。 ③校長がケース検討会議を設定するよう指示。
④ケース検討会議で,コーディネーターが全職員に相談結果を報告し,今後の対応を検討。

➡ 担任と他の職員に大きな変化が…?

| 担任が楽になった!! | 自分のクラスもお願いしよう!! | 情報が共有化された!! |

1 キーマンはコーディネーター

具体的な事例を紹介します。特別な教育的支援が必要とされた3年生男児のAくんが教育センターで教育相談を受けることになりました。こういった場合,相談の予約をするのは一般的にAくんの保護者ということになりますが,時には,管理職から事前に電話が入ったり,担任が保護者の了解を取って予約をし,保護者と本人を連れて教育相談にやってくることもあります。

しかし,今回のケースは今までとは状況が違っていました。なんと,その学校の特別支援教育コーディネーターのB先生が教育センターに電話予約をし,Aくんとその保護者を連れて相談に訪れたのです。このようなケースは今までで初めてでした。

教育相談ではまず,どのようなことで困っているのか主訴を確認します。それから,Aくんの生育歴,家庭の状況や学校での様子,困っていることや改善したいと感じていることなどの具体的な内容を聞き取り,必要に応じて発達検査等も実施します。そして,Aくんの行動の様子等も含めた情報の整理ができたところで,改善に向けた取り組み,学校

でできること，家庭でできること等を検討していきます。このように，相談自体は今までの流れと特に変わっていません（図の①）。しかし，このケースではその後の学校の対応が重要なポイントになったのです。

学校に戻ったコーディネーターのB先生は早速，相談結果を教頭に報告し，教頭はすぐにその内容を校長に伝えました（図の②）。特別支援教育の推進に苦慮していた校長は，その報告を聞いて，早速，校内でケース検討会議を開くよう指示し（図の③），急遽，職員全体によるケース検討会議が開かれることになりました（図の④）。

ケース検討会議では，コーディネーターのB先生が進行役となり，教育センターでの相談内容や結果を職員に報告すると共に，担任や養護教諭，他の先生からもAくんに対する情報を提供してもらいながら，解決に向けた方針等を全職員で共有しました。このことによって，今までのケース検討会議（校内委員会）とは決定的に違う大きな変化が起こってきました。

変化の1つ目は，担任の物理的な負担が軽減されたと同時に，担任の精神的な負担が激減したのです。このような業務を担任が従来どおり行った場合を考えてみましょう。他の職員は担任には同情しながらも，「先生も大変だけど自分も大変だから…」とどこか他人事になって，せっかくのケース検討会議も単なる情報提供の場で終わってしまいかねません。しかし，コーディネーターが担任の代わりに報告したことで，このケースは一担任の手から離れ，学校全体の問題として認識されるようになったのです。ここが重要なポイントの1つ目です。

さらに，このケースが学校全体の問題となったことで，他の学年の教員も，「それなら自分のケースも…」と自分が抱えている困難事例をコーディネーターに依頼するようになってきました。まさに，特別支援教育の取り組みはチームを組んで学校全体で!!という意識が芽生えてきたのです。

そして，このようなケース検討会議が繰り返されることにより，配慮の必要な子どもたちに対する支援の取り組みが学校全体で共有化され，似たようなケースはわざわざ教育センター等に足を運ばなくても，自分たちで解決できる!!という意識が高まってきたのです。

2　校務分掌におけるコーディネーターの位置づけ

このケースの成功はまさにコーディネーターの活躍と管理職の経営手腕によるものと考えられます。ただ，検討すべきなのは，この学校では特別支援教育コーディネーターをほぼ専任として校務分掌にしっかり位置づけていることなのです。校内事情で，コーディネーターを専任にすることなど不可能に近い学校も少なくないと思われますが，この事例から学べることは少なくないはずです。最初は大変でも，システムが機能していけば，成果は歴然です。是非，やれるところから取り組んでいただきたいと思います。

Lesson 3

6 校内委員会の取り組み①

ケース検討会議を開いてみよう‼

- 情報の整理（共有化），立ち位置の確認
- 課題解決に向けた様々な方策（抽出し）の共有化
- 指導・支援方法の明確化（指導がぶれない）
- 他職種の専門家との協働的支援（コラボレーション）
- 援助者の負担軽減（チームワーク，ネットワーク，コラボレーション）
- 多様な支援方法の確立，般化

---

1 チームで検討することの意味

Lesson 3-5では，ケース検討会議の成功例を紹介しましたが，ここでは，ケース検討会議がなぜ必要なのか考えてみましょう。

チームで同じ事例を検討しても，その人の立ち位置によって見え方は様々です。例えば，小学校3年生のNくんに対して，一番近くで見ているはずの担任と，保健室で接している養護教諭ではその評価がずいぶん違っていることがあります。担任と保護者の見方が違うのは言わずもがなですよね。対象児はそのときどきの環境（人や場所等）によって言動を様々に変化させるからです。ですから，Nくんの実像に迫るためには，保護者はもとより，校長や教頭，コーディネーターや他の教員の見解も総動員して検討する必要があります。立ち位置の違う者同士が，それぞれの視点から情報を提供し整理していくことで，情報が互いに共有化され，望ましい指導方針や具体的な支援策が見えてくるのです。

2 抽出しの共有化

教師は過去の様々な経験から，事態収拾に向けたたくさんの指導の抽出しをもっています。しかし，特別支援教育の指導は複雑で多岐にわたり，また，専門的なスキルや解釈が必要とされるケースが少なくありません。三人寄れば文殊の知恵ではありませんが，チームのメンバー全員が指導の抽出しを互いに提供しあって，その中から一番ふさわしいと思われる指導方針を決定していくことが大切です。「ぶれない指導」とは，1人の教師の問題だけではなく，チームによる指導の際にも当てはまります。A先生とB先生では言っていることが違うとなれば，子どもは混乱し，改善が望めないばかりか，かえって状態が悪化することもあります。チームの指導にあっても，指導がぶれなければ指導に方向性が生

まれ，改善の方向に向けて着実に進んでいくものと思います。

3　ケース検討会議を開いてみよう

チームで検討することの有効性はわかっていても，毎日が忙しい教員にとってケース検討会議など開く余裕がない，と言われてしまいそうです。しかし，Lesson 3-5でもご紹介したように，最初は大変だった会議がだんだん効を奏し，結果的に，指導に当てる時間が少なくなって業務軽減につながったということも少なくないのです。慣れてくると，今まで見えなかったり気がつかなかったりした背景因や指導方針が見えてくるようになり，多様な支援方法の検討ができるようになっていきます。これを繰り返していくことで，1人の子どものニーズに対応した支援方法が他の子どもの支援にも応用されて，支援のバリエーションがどんどん増えて般化されていきます。会議を開くことは大変ですが，きっとあとで楽になる，知らず知らずのうちに指導のバリエーションが増えていく，と信じて積極的に取り組んでいただきたいと思います。

4　他職種の専門家との協働支援

ケース検討会議の目的は2つあります。

1つは，一堂に会した参会者が互いに情報を共有化するための情報整理機能です。対応に当たるには，まず初めに，それぞれの支援者がもっている様々な情報をテーブルの上にに載せ，整理し，共有化していくことが何よりも重要な作業なのです。

2つ目は，情報が整理・共有化されたあと，その情報に基づいて指導方針を立て，具体的な支援方法を検討するための調整機能です。学校の中には管理職やコーディネーター，養護教諭，その他の職員等，様々な役割をもった教職員が存在します。また，最近では，医師や心理士，スクールカウンセラー，児童相談所や発達障害者支援センターの職員等，様々な他職種の専門家もチーム会議に加わることが増えています。現在の特別支援教育は，こういったチームスタッフが協働（コラボレーション）して支援に当たることが求められています。協働（コラボレーション）について瀬戸（2010）は「①複数で②共通の目的をもって③互いに連絡を取りながら④調整された行動をとること」と定義しています。また，亀口（2002）はそれが効果を発揮するには「互いの仕事の理解」が大切であると述べています。チームのスタッフが共通の目的をもって，互いの立ち位置を確認，理解しあいながら，困難な事態に向けて対応していくことで，孤軍奮闘してきた教師が救われるばかりか，学校全体がパワーをつけ，誰もが安心して，自信をもって特別支援教育を推進できるものと思われます。是非，チーム一丸となって，チームワーク，ネットワーク，コラボレーションを大切にしながら，ケース検討会議の実施に向けて取り組んでいただきたいと思います。

［文献］

瀬戸健一（2010）：協働的指導のための実践テキスト．風間書房

亀口憲治編（2002）：現代のエスプリ「コラボレーション」．至文堂

Lesson 3

7 校内委員会の取り組み②

情報整理は5W1H

5W1H	背景情報	検討事項
Who 誰が？	・誰が ・相手（関係者）はいるか ・相手はどんな人物 　（男女，上下，学級内外）	・対象児の背景情報（生育歴，家族構成，認知習得度，性格，興味関心，環境，etc） ・相手の背景情報・対象児との関係
When いつ？	・どのような時間帯 ・曜日，月，季節	・偶然か，必然か ・誘発される要因はあるか
Where どこで？	・どんな場所で ・学校内外，娯楽施設等	・偶然か，必然か ・誘発される要因はあるか
What 何が 　起きたか	・どんな内容 ・程度は ・結果は	・偶然か，必然か（初めて or 繰り返し） ・軽微か，重篤か ・どのような結果になったか ・本人の態度は
How どのように 　起こったか	・どのような場面条件下で ・誘引となったものはあるか ・どのように対応したか	・偶然か，必然か（初めて or 繰り返し） ・誘発される要因はあるか ・誰がどのようにして，結果は
Why なぜ 　起こったか	・どのような仮説が考えられるか ・原因は特定できるか（行動の解釈）	・過去に起こった事象の分析 ・行動の解釈と仮説の検証 ・原因の究明 ・支援（対応）の検討

参考「特別支援教育の理論と実践Ⅲ」（金剛出版）

1 情報の整理には5W1H

5W1Hとは，上の表にあるように，Who（誰が），When（いつ），Where（どこで），What（何が起きたか），Why（なぜ起こったか），How（どのように起こったか）のことです。そして情報を整理する際には，この6つの視点から検討を加えていくことが大切です。

2 困った行動の背景を探る

例えば，「Aくんは授業中に立ち歩くことが多くて困っている」と担任の先生から訴えがあったとします。

私たちはその訴えからどのような判断をするでしょうか。他の子と違った行動を示す子どもに対して，困った子，手のかかる子というレッテルを貼り，それを改善するのは本人の努力の問題と片付けてしまうことはないでしょうか。そしてその一番良くない解決策は，Aくんは多動児，ADHD児だから仕方がないと結論づけ，指導を放棄してしまうことです。

それでは，先ほど提示した5W1Hに基づいてこのケースを検討してみましょう。授業中に立ち歩くAくん（Who）は，いつ（When）立ち歩いているのでしょうか。いつもですか，ある特定の教科の学習の時です

か。または，朝方に頻繁に立ち歩く，お昼に近づくと立ち歩く，午後になると立ち歩く，週の始め，または週末に多いのでしょうか。それから，授業中いつでもなのか，授業の始めなのか，30分過ぎ頃からなのかetc。いかがですか。このような視点で，いつ（When）という状況を整理してみると，「授業中に立ち歩く」Aくんの背景が少し違って見えてくるようには思いませんか？

次にWhere（どこで）を検討してみましょう。例えば，席替えをしてから立ち歩くようになったとか，特別教室や体育館での授業では，立ち歩きが教室ほど多くないとか，校外学習では集団からの逸脱行動がほとんどないとか，またはその逆で，教室以上に多動が目立つなど，実際のAくんの行動パターンを整理していくと，「立ち歩き」の背景因が絞られてくるのではないでしょうか。

3　困っているのは教師か，子どもか

いつも申し上げることですが，授業中立ち歩く子どもに対して「困っている」のは先生でAくんではありません。それでは，なぜ，Aくんは立ち歩くのでしょう。Aくんが困って立ち歩くとしたら，Aくんの困り感を取り除いてあげなければ，Aくんの立ち歩き行動は改善する筈がありません。

それでは最後に，このケースをHow（どのように）の視点から捉えてみましょう。立ち歩いたAくんへの対応についてどのように考えているかです。立ち歩いた瞬間にすぐに注意して座らせるのか，しばらく様子を見てから声をかけるのか，無視するのか，座る約束を決めて（例えば時計が○○分になったら）座らせるのか，教室から出して（職員室の仕事を頼むなどして）落ち着かせてから教室に戻らせるのかなど，対応の仕方は際限なく検討できるはずです。当然，授業がわからなくて立ち歩いているのだとしたら，わからない時には立ち歩くのではなく，黙って「ヘルプカード」をあげるなどというルールを先生とAくんで事前に決めておくこともできるでしょう。一人一人に応じた多様な支援を行うためには，対応の仕方もケースごとに全て違うので，正解などというものはありません。様々なケースによって，まさに色々な対応を検討する必要があるでしょう。「何度言っても（やっても）改善しないのは，言い方（やり方）が悪い」と考えるべきなのです。行動には必ず理由があります。Aくんの立ち歩きの原因（背景）を正しく捉えて，適切に対処することが大切です。もっとも，その中で一番大切なのは，Aくんがどう思っているか言語化できるように促していくことです。うまく言えないのなら，教師が選択肢を示して，「君が立ち歩いたのは○○だったから？，または○○だから，それとも○○だから？」といった問いかけも必要でしょう。自分の思いを言語化することが難しい子どもたちだからこそ，立ち歩いてしまう本人の思いに耳を傾け，それを改善するための方策を一緒に考えていくのが解決に向けた一番の方法かもしれません。

Lesson 3

8　特別支援教育コーディネーターってこんな人？

特別支援教育コーディネーターに求められる条件

- フットワークは軽く，心は冷静に
- 情報収集と整理，適切な「報連相（報告，連絡，相談）」
- チームで動けること，チームを動かせること
- 幹事，まとめ役，サッカーの司令塔…？
- 適材適所，優先順位等の判断ができること
- 子どもの状態を教育用語に置き換え伝えられること
- 人的ネットワークをもち，どこにつなげばよいか理解していること

1　フットワークは軽く，心は冷静に

　学校で発生する様々な事件や事故に適切に対応していくためには，フットワークを軽くしながらも，心はいつも冷静でいることが求められます。事態の収拾を急いで，衝動的に，または闇雲に動いてしまっては，かえってトラブルを増長させかねません。教頭の仕事の1つに「校務を整理する」というものがありますが，まさに，コーディネーターには「報告，連絡，相談」といった「報連相」に心がけながら，管理職やチームが状況判断しやすいように情報を整理して提供することが求められています。情報が適切に整理されて初めて，望ましい対応策が検討され，事態収束に向けたプロジェクトチームが結成され走り出すのです。

2　ジェネラリストを目指して

　特別支援教育コーディネーターは特別支援教育の専門性を身につけていることは言うまでもありませんが，それ以上に，人間的に魅力がありジェネラリストとしての資質を備えていることが望まれます。宴会の幹事さんのようにタイミング良く集会（ケース検討会議）の開催を提案したり，場を盛り上げたり，和ませたりすることも大切な仕事です。また，サッカーの司令塔のように，チームの起点となってボールを受けたり回したり，鋭いキラーパスを出してフォワードを走らせたり，上背のあるディフェンスの頭にピンポイントでボールを合わせたり，チーム全体の能力を生かしながらチームが有機的に動けるように心がけることも大切です。

3　適材適所，優先順位を意識して

　事態収拾に向けた対応で，コーディネーターが気をつけなければならないのは，情報を収集，整理し，事実関係を明らかにしていく

ことと，改善に向けた具体的な対処をすることとは別のことだということです。事態に適切に対処していくためには，「適材適所」という視点が重要です。つまり，状況に応じて管理職が対応したり，学年主任や担任が動いたり，時には，養護教諭や外部の専門家のサポートを受けたりしながら，誰がどのような形で対応するのがベストかチームで確認しておくことが大切なのです。コーディネーターが何から何までやろうとしたり，管理職の指示を無視したり，独断で決定したりすることのないよう心がけなければなりません。

また，事態の背景には様々な要因が絡み合っている場合が少なくありません。こういった場合は，「あれもこれも」ではなく，「あれかこれか」という発想で，まさに絡み合った釣り糸を一つ一つほぐしていくような作業が必要となります。事態収拾に向けて，まずは何から取り組んでいくか，優先順位を明らかにして進めていくことが大切となります。

4　専門用語から教育用語へ

WISC－ⅣやKABC－Ⅱ等の心理検査の普及により，配慮の必要な子どものアセスメント情報が関係機関から提供されることも多くなってきました。しかし，アセスメント情報はどちらかといえば心理学用語が中心となっているため，コーディネーターは，それらを適切な教育用語に置き換えて，教師仲間や保護者に伝えていくことが必要となります。教育用語には「子どもを見取る」という表現がありますが，アセスメントから得られた情報を是非，子どもの見取りとして教育用語に置き換え，そこから適切な指導が検討できるよう努力していただきたいと思います。

5　人的ネットワークを大切にして

学校だけでは事態が収拾できない場合は，外部の専門家にアドバイスをもらったり，協働して支援に当たることが必要になります。そのためには，コーディネーターは日頃から外部の研修会や学会等で他職種の専門家の仕事を理解し，可能な限り人的ネットワークを広げていくことが重要となります。そうすることで，様々な事態が生じた時にも，このケースは外部のどの専門家に相談したり，つなげたりすることが効果的かという判断ができるようになっていきます。発達障害への対応については学校だけでできるものではないと述べてきましたが，まさに，学校や地域，他職種の専門家の力を総動員させながら対応していくことが，これからの特別支援教育に求められる重要なポイントになっていくものと思われます。

Lesson 2

9 まとめ1

デキる特別支援教育コーディネーターを目指して①

① 発達障害の診断は障害特性を理解する上で重要であるが，必ずしもそのことが指導に直結するとは限らない。障害特性ではなく，その子の特性（発達，行動，認知等）を適切にアセスメントすることから支援を開始することが大切である。

② 障害はその人の中にあるのではなく環境との相互関係から生まれ，それを感じたり感じなかったりする（指導のターゲットは生活年齢か，発達年齢か…）。

③ 行動には必ず理由がある。行動は行動のもたらす効果によって影響を受ける（杉山 2005）。弁別刺激→反応→強化刺激

④ つまずきに対する指導の原則（できるところから始める。できたらほめる。強い認知処理様式を活用する）。

⑤ 子どもが自ら，自分の困り感を申し出ることは少ない。子どものつまずきや行動を教師がいかに解釈し，翻訳し，外在化してやれるかが勝負だ。行動を解釈する際には，予想される仮説群を複数立て，できれば複数の人間で検討すること。正解は1つではないし，自分の立ち位置からだけでは，ふさわしい回答が見つかることは少ない。

1 診断名ではなく，あくまでもその子の特性から

対象の児童生徒が医師から何らかの発達障害の診断を受けたとしても，昨日のAくんと今日のAくんは何も変わりません。診断名がついただけです。もちろん診断名がついたことで，今まで責められ続けていた母親が溜飲を下げ，私のせいではなかったと新たな思いで子育てに励むかもしれません。また，学校では診断に応じた支援の検討が始まるかもしれません。しかし，その一方で，診断名が明らかになったことで，全てがわかったような気持ちになり，紋切り型の指導に陥ってしまうことも少なくありません。○○障害には△△をすればいい，××障害には▲▲の指導が効果的といった，その子への対応ではなく障害への対応に重点が置かれてしまうことがあるのです。同じ自閉症スペクトラム障害でもAくんとBちゃんでは性格や興味関心，行動や認知の特性はそれぞれ違うわけですから，診断名は参考にしながらも，その子の特性から指導に当たることが大切です。

2 ターゲットは生活年齢か発達年齢か

ヴィゴツキーは，教育の目的は，子どもの現在の発達の領域と少し頑張れば獲得できる未習得の領域の間（発達の最近接領域）をね

らうことであると述べています。第１章で紹介したICFの考え方のように，障害を感じるかどうかは関係性の中で決まると考えると，指導のポイントを生活年齢に置くのではなく，発達年齢をターゲットとすることが大切となります。是非，その子の発達の最近接領域をおさえて指導に心がけてほしいと思います。

3　行動には必ず理由がある

行動分析の専門家である杉山（2005）は著書の中で「行動は行動のもたらす効果によって影響を受ける」と述べています。つまり，その子がその行動を示すのは，その結果生じる効果（良い場合も悪い場合も）による影響が大きいということです。行動には必ず理由があるという意味がここにあります。特に自分の行動について上手に言語化することが苦手な発達障害の子どもにとって，可能な限り私たちが子どもの行動の意味を正しく捉え，適切に対応していくことが望まれています。

4　つまずきに対する指導の原則

子どもの困り感を改善していくためには，発達，行動，認知の３つの視点からアプローチしていくことが大切であるとお話ししました。発達論的視点では，どこまでできて，どこからできていないのかを明確にし，できるところから指導を始めるということです。まさに発達の最近接領域をねらえということですね。行動論的視点では行動は行動のもたらす効果によって影響を受けるわけですから，まずは子どもの行動を積極的にほめてあげることです。「歌は上手だけど，勉強はできないね」と言われるのと，「勉強はできないけど歌は上手だね」と言われるのとでは，どちらが受け入れやすいでしょう。「今日は〇〇ちゃんと喧嘩しちゃったけど，国語の発表で頑張ったから合格点だね。でも，〇〇ちゃんと仲良くできると先生はもっと嬉しいな」というふうに，必ず，子どもの頑張ったことや良かった点を探してほめてあげることが，行動論的視点ではとても大切なことになります。認知論的視点では，短所を改善するより長所を伸ばす方が子どもの意欲は格段に高まるということです。好きなことを頑張ってほめられたり，自分でも納得したり満足したりすることによって短所も少しずつ改善していくはずです。KABC-Ⅱなどの新しい検査の解釈は簡単ではありませんが，関係の研修会や学習会等にも参加して，是非，子どもの強い認知処理様式を活用した指導に心がけてほしいと思います。

5　アセスメントに基づいたピンポイント指導

１人の子どもの行動を複数の教師が見取り，その子の行動の意味を解釈していく上で，全ての教員の解釈が一致することはありません。教師はその子ではないし，他の教師になることもできないからです。同業の教師といえども行動や認知のパターンはそれぞれみんな違います。ですから，行動の意味を複数の人間で解釈し，一番ふさわしいと思われるものを採用するとともに，標準化された心理検査等のデータも参考にしながら子どもの状態を適切にアセスメントし，その子に応じたピンポイント指導に心がけていただきたいと思います。

［文献］
杉山尚子（2005）：行動分析学入門．集英社新書

Lesson 3

10 まとめ2
デキる特別支援教育コーディネーターを目指して②

⑥ 長所活用型指導を考える際，継次処理型と同時処理型の指導方略を検討することが重要である。継次型は（1．段階的　2．部分→全体　3．順序性　4．聴覚的・言語的　5．時間的・分析的），同時型は（1．全体を踏まえた教え方　2．全体→部分　3．関連性　4．視覚的・運動的　5．空間的・統合的）である。

⑦ 支援のスタートは，まずは，本人や保護者の困り感，思い，願いから始まる。ケース検討会議は，必要に応じて本人や保護者が加わることを前提とする。

⑧ ケース検討会議の成否の鍵は，関わった人間が「人ごと」ではなく「自分ごと」として考えられるかどうかである。

⑨ 支援方法の検討に当たっては，5W1Hを明確にしながら，最初は各自で整理する。その後，各自の方法をチームで交流し合うことで様々な支援方法を検討することができる（抽出しの交流）。

⑩ 次回のケース検討会議の日程は必ず決めておく（評価の意味）。

1　長所を活用した指導を目指して

　第1章でもお話ししましたが，例えば道案内の方法1つをとっても，道順に沿って順番に説明していくのが得意な人と地図を見せて全体的な位置関係を示すのが得意な人がいるように，私たちは知らず知らずのうちに自分の得意とする方略で物事を解決しようとしています。それは子どもでも同じです。ですから，子どもの長所を活用するためには，その子の認知や行動のパターンを正しく把握していることが重要となります。特に，継次処理と同時処理については，KABC－Ⅱという検査で測定することができます。また，具体的な指導方略や指導事例も本や学会誌などで数多く発表されていますので，是非，ご活用下さい。

2　支援会議は本人や保護者も交えて

　つまずきや困り感を言語化することが苦手な子どもたちにとって，うまくいかない原因を自ら取り除いていくことは至難の業です。だからこそ支援者である私たちが本人の問題行動を解釈し，その背景因を探り，適切な支援方法を検討していくことが大切なのです。しかし，本人や保護者を抜きにして改善策を考えることには無理があります。問題行動を軽減していくためには，まずは本人の思いを受けとめることから始めなければならないし，保護者の支援も欠かせないからです。自分はなぜ人とうまくつき合えないのか，他の人が簡単にできることがなぜできないのかなどに

ついて，チームがきちんと説明し，そのための解決策を共に考えていくことが大切なのです。医師がチームに加わっている場合は，適切な時期に本人の発達の状態を正しく伝えることも必要になります。告知の問題は，本児の年齢，発達の段階，本児の性格や家庭環境，タイミング等配慮しなければならないことはたくさんありますが，告知した結果，「だから自分はうまくいかなかったんだ」「もっとこうするといいんだ」など，自分の障害特性を理解し，受容し，望ましい対応の仕方を学んでいくことで気持ちもずいぶん楽になり，人との関係にも折り合いをつけていくことができるようになってきます。そういった意味でも，ケース検討会議には保護者や本人の参加が重要になるのです。

3　成功の鍵は，"自分ごと"

ケース検討会議がうまくいくポイントは，様々な情報が整理され，望ましい指導の内容や指導の方向性が参加者全体で共有化されることであると述べましたが，まさにそれは，人ごとではなく自分ごととして問題を捉えることに他なりません。情報が共有化されても，それが人ごとであれば，理解はしても協力しないということになります。結局，自分ごとと捉えている教員だけが孤軍奮闘することになり，チーム全体としてのパワーは発揮されません。自分もチームの一員という意識が，解決に向けた第一歩になるのです。

4　情報の整理はまずは自分の視点で

情報整理には5W1Hの視点が大切ということは先ほど触れましたが，ケース検討会議に臨む前に，できれば自分の視点で事前に情報を整理しておくことをお勧めします。教師は忙しいので，ケース検討会議の場で初めて検討するということも多いと思いますが，最初から全体で話し合いをもつと，他の人の情報に引っ張られて自分の意見を他の人に合わせたり，修正してしまう恐れがあるからです。改善策に正解はありません。ケース検討会議の目的はそれぞれのスタッフの抽出しを総動員させてみんなで考えていくことなので，まずは5W1Hの視点で整理した自分なりの情報を提供することで，まさにぶれない自分の意見を表明できると思います。

5　次回の会議日程を必ず決めておく

「今度とおばけには会ったことがない」と言いますが，「今度，また会議をしましょう」では，かなりの確率で次の会議が開かれない恐れがあります。ですから，会議終了前に必ず次回の会議の開催日を決めておくことが大切です。会議の中で各自が取り組む内容が示されていれば，次回の会議の際に，取り組みがうまくいっているのか，いないのかを検証することができますし，もし，うまくいっていなければ，次の会議で修正し，別な視点から改善策を検討することもできるのです。ケース検討会議の際には，是非，次回の開催日を決めておくことをお勧めします。

第3章

ワークショップ事例集

ワークショップ1

運動会に参加できなかった年長幼児Mくん

> こだわりが強く，予定の変更や変化を嫌う自閉症のMくん。
> 初めて体験した年中時の運動会には全く参加できなかったが，年長になって，先生方の努力もあり，総練習まではほぼ完璧に練習に参加することができた。両親も今年こそはと本番に期待していた。
> ところが，本番当日の日曜日。Mくんは何を思ったのか，幼稚園に行くことに激しく抵抗し，寝転がってパニックになってしまった。両親は，お弁当等の準備もすっかりできているので，無理矢理，車に乗せて幼稚園に連れて行ったが，結局，運動会には全く参加できなかった。

【問】
① Mくんがなぜパニックになったのか，理由を考えて下さい。
② こういったケースが起こる背景について解釈し，具体的にどのような配慮や手立て等があると問題が解決できるか考えて下さい。

1 想定されるパニックの原因（仮説）を可能な限り予想する

もしあなたがMくんだったら，幼稚園に行きたくない理由を，パニックではなく言葉でしっかり伝えることができるかもしれません。しかし，自分の思いを言語化することができないMくんにとっては，パニックによってしかそれを伝えることができないと考えることが大切です。Mくんにとってのパニックは，自分の思いを伝えるための言葉が姿を変えた形で表現されているのです。

さて，それではこのケース，あなたはMくんのパニックをどのように解釈しますか。自分の立ち位置から問題を眺めただけでは，問題の本質に迫ることはできません。相手の立ち位置から起こっている事象を捉えてみるとヒントは生まれてきます。つまり，可能な限り，あなたがMくんの立場に立って状況を眺めてみること，そしてできれば，それらを複数の人間によって交流し，それぞれがMくんの気持ちを代弁してみること，そのような取り組みによって事例の本質が見えてきます。事例検討の良さはまさにこの点にあります。

もちろん，私たちはMくんではありませんから，Mくんのパニックになった理由を言い当てることはそれほど簡単なことではありません。ですから，この作業としては想定される理由（何が嫌だったのか）を可能な限りたくさん出して，検討してみることが大切

なのです。1人の抽出しでは限界がありますから、できれば複数の仲間であれこれ意見を出し合ってみると、思いがけない視点にビックリすることもあります。この段階では、正解も間違いもありませんから、「なるほど、そんなこともあるかもしれないね…」と、予想される理由をどんどん出してみましょう。

さあ、Mくんの代わりになって、Mくんの気持ちをどんどん言語化してみましょう。

2　仮説を特定し、薬（指導法）を処方する

お医者さんは病気を特定（診断）して初めて治療計画を立て、クスリ等を処方して治療を開始します。教育でいうと、原因が特定されて初めて指導方針が立ち、指導方針に基づいて具体的に指導が展開されるといったところでしょうか。逆に、仮説が間違っていると、指導方針も的外れなものになり、当然、指導の効果は上がりません。いや、下手をすると、それが逆効果となり、どんどん子どもの困り感が増大することだって起こりうるのです。ですから、指導方法を検討する段階では、1で想定されたたくさんの仮説を絞り込んでいく作業が必要となります。この作業も、できれば複数の仲間で検討することが大切です。1人で検討するとどうしても自己流になったり、視点が一方的になったりする恐れがあるからです。また、原因の特定ができなくても、たくさんの仮説から、想定されるいくつかの仮説に絞り込んで、それに対して指導方針を検討し、実際に取り組んでその効果を検証するという方法も考えられます。

今回のパニックのケースでは、パニックを誘発していると思われる複数の原因（仮説）から、想定されにくい仮説を1つずつ取り除いていくことで、Mくんのパニックの本当の原因が特定できるかもしれません。まずは、①予想される原因を可能な限り洗い出してみること、②洗い出した仮説を根拠に基づいて検討、取捨選択し、Mくんがパニックになった原因を特定していくこと、そして、③特定された原因（仮説）を取り除くための指導方法を検討すること、といった手順を踏んでいくことが大切です。

3　ワークショップ

まずは、Mくんがなぜ運動会当日にパニックを起こしたのか、当日の様子を思い描きながら、考えられる限りたくさん想起してみて下さい。

4　研修会の中で挙げられた仮説の例

どうですか。みなさんはどれくらい候補を挙げられましたか。次ページの表は、私たちが行ったワークショップの中で参会者に挙げていただいた仮説の例の一部です。挙げるときりがないですね。このようにたくさんの仮説が立てられるのも、様々な経験をしている多くの仲間との検討会だからこそできることだと思います。

1. 当日の朝，花火が鳴ってびっくり！！
2. 起床時刻，登園時刻がいつもと違う
3. 目立つようにと，いつもと違う衣類を着せられた
4. いつもは園バスなのに自家用車で行こうとしている
5. いつもは持って行かないお弁当が用意されている
6. 朝ご飯がいつもと違う
7. 父親まで幼稚園に行こうとしている
8. 日曜日はお休みなのになぜ幼稚園に行くの？
9. 日曜日にいつも見ているTVが見られない
10. 両親が妙にハイテンション
11. 今年は頑張って！！と両親からの過大なプレッシャー
12. 総練習で全て終わったと思ったのに，まだ運動会をやるの？
13. 昨年の運動会本番の様子がフラッシュバック！！
14. 健康上の理由（お腹が痛い，頭が痛い等）
15. その他

　挙げていただいた仮説はどの仮説も決して笑えない事柄ですし，今回の運動会に限らず，学校の様々な行事でもこのようなケースが起こっていることはご承知の通りです。
　卒業式などで総練習まではしっかりできたのに，本番にパニックになってしまったケース。総練習と本番は内容（進行）は同じでも，会場の環境が全く違うことに私たちの思いが至ってない。ステージのきらびやかな装飾，壁一面が覆われた紅白幕，来賓のテーブルや保護者のパイプ椅子etc，そこに私たちの思いが至らないと，彼らのパニックの意味はいつまでたっても理解できないものと思われます。
　また，1番の花火のケースですが，私は過去に似たようなケースで大失敗をした経験があります。避難訓練の際，事前に非常サイレンが鳴ることを子どもたちに予告しなかったため（もちろん校内の申し合わせでは，予告しない方針で進めていたように思いましたが…），中休みの突然のサイレンで自閉症の女の子がパニックになり，それ以来，中休みになると耳ふさぎを始めて不安がり，それを解消するのに半年近くかかってしまったという苦い経験があります。
　また，自閉症の子どもたちは日常のルーチンが崩れたり，スケジュールやルールの変更を嫌うため，運動会や学芸会等のいわゆる学校行事の特別時間割を嫌い，その時期は情緒的にも不安定になることを私たちはよく知っています。
　今回挙げられた候補の中でも，いつもと違うシチュエーションがパニックを引き起こす誘因となるという想定は非常に重要なポイントになると思います。

5　仮説の絞り込み

　仮説の絞り込みについては，似たような状況で本児がどのような反応を示したかが大きなヒントになります。換言すると，同じような状況場面で同じような反応をする（定性的な反応）かどうかがポイントになります。例えば，衣類にこだわりがあり，いつも同じ服しか着たがらなかったり，服の内側の背中のタグが気になるような子どもの場合は，原因の3番が重要な候補として挙げられますし，父親が幼稚園の日曜参観に行った際，玄関に入る父親の姿を見つけた途端「帰れ！　帰れ！」と父親を玄関まで押し返してしまった子ども（実際にあった話ですが）の場合は，原因の7番が有力な候補になるでしょう。また，原因の13番のように，本番も頑張ろうと思っていたのに，突然，去年の運動会の情景がフラッシュバックして，一気に不安になってしまうなんてことも考えておかねばなりません。このように，想定される仮説を可能な限り挙げながら，一つ一つ検討を加えていくことがいかに大切であるかおわかりになったと思います。

6　指導法の検討（原因8の場合）

　仮説を絞り込んでいく中で，パニックの本当の原因はこれだと想定された段階で，いよいよ，パニックの解消に向けた指導方法の検討が求められることになります。
　例えば，前述した衣類へのこだわりであれば，いつもの着慣れた衣類に変更するだけで問題は解決しますが，「日曜日はお休みなのになぜ幼稚園に行くの？（原因8）」がパニックの原因だとしたらどうしましょう。まさかMくんのために運動会を平日開催にしてもらうわけにもいきませんし，運動会に限らず，日曜日の幼稚園行事はこれだけではないので，時と場合によっては日曜日も幼稚園に行くことがあるということをMくんに理解してもらわなければなりません。
　この事例は実際にあった話ですが，実はMくんはカレンダーを理解しており，当然，その日が日曜日であることも理解していました。ま，だからパニックになったわけですが…。さて，これがヒントです。あなたなら，どうやってこの難局を乗り切るでしょう。是非，良いアイディアを思い描いてみて下さい。
　正解というものはありませんが，考えられる指導方法の例を下に紹介します。実際，この方法を実施して，Mくんは見事に秋の日曜参観にパニックを起こすことなく参加することができました。原因を特定してそれに対応したピンポイント指導を実践する。まさにこんなやりとりを常日頃から意識して指導に当たりたいものです。

〔指導法の例〕
　カレンダーの中に，幼稚園に行く日は「○」，お休みの日は「×」と表記してそのことを事前に子どもに伝える。「○」と「×」の意味が理解できると当然，運動会のある日曜日は登園日であることがわかり，パニックを起こさず登園できる。

ワークショップ2

授業中すぐ立ち歩いてしまうCくん

> Cくんは、じっと座っていることが苦手です。授業中、課題が終わると走って先生に見せにきたり、立ち歩いて友達のノートをのぞきこんだり、鉛筆を削りに行ったりすることが度々あります。どのように指導したらいいでしょう？

1 Cくんの行動の背景（原因）

さて、今回はどこの学級でもよく見られる子どもの立ち歩きのケースについて考えてみましょう。まずはCくんの行動の背景（原因）をとりあえず3つ考えてみましょう。

```
①　理解ができていない
②　見通しがもてない
③　衝動性を抑えられない
```

①は理解の問題です。「授業中は立ち歩かない」「用事がある場合には手を挙げて先生に言う」などの約束ごとが十分理解されていないことが考えられます。新しく入ってきた小学1年生のケースではよくあることですが、幼稚園や保育園ではチャイムがあるわけでなく、自分の机もないので、先生に用事があったりお友達にお話ししたい時には、ある意味、自由に移動することが認められています。ですから、小学校に入るとまずは、授業中は立ち歩かない、用事があったら手を挙げて先生に伝えるなどのルールをしっかり決めておくことが大切です。

②は見通しがもてないケースです。

今、何をするのか、次に何をするのかがわからない場合ですね。例えば、先生が全体説明をしてからグループ活動に入る予定なのに、すぐにグループ活動に入るために机を移動しようとしたり、図工の学習で、作業の内容を説明している間に、さっさと後ろの道具棚から絵の具を持ってこようとしたりする場合がそうです。前の授業の時間に鉛筆の芯が折れてしまったのに、休み時間に鉛筆を削らず、次の授業に入ってから突然、思い出したように席を立って鉛筆を削りに行くなどといったケースです。このように、事前に準備ができず、その時になって困って初めて行き当たりばったりのような行動をしてしまう子どもも見通しがもてないタイプと考えられます。

③は衝動性の問題です。やりたいと思ったことが我慢できない、思いついたらすぐにやってしまわないと気が済まないといったタイプの子どもです。黒柳徹子さんが書いた「窓ぎわのトットちゃん」はまさしくこのような

タイプでした。窓からちんどん屋さんが見えたら、もう授業どころではない。自分の興味関心のある方にどんどん体が動いてしまうということです。

2　改善に向けた支援の手立て

①の授業中のルールについての理解が十分でない場合は、具体的、実際的に様々な方法を使って理解を促すことです。様々な方法の中で、例えば、「授業のルール3カ条」といったようにルールを明確化することは有効な方法です。そして、できれば、標語のように、短くわかりやすい言葉にできるとさらに効果的ですね。また、いつも思い出せるよう、ルールを目に見えるところに掲示したり、守らなければならない内容を絵に描いて視覚化するのもいいでしょう。繰り返しみんなで声に出し、空で唱えられるようになれば理想的です。

②の見通しがもてないケースでは、今日1日の流れとか、学習予定や課題の順序を事前にしっかり予告することが有効です。この場合にも、視覚的に示す、数字を使って箇条書きにして順番に示す、時刻を表示する等の工夫が考えられます。低学年の場合は、時計の文字盤を図示してあげるのもいいでしょう。次にどんなことをするのか、何時になったら○○をするとか、どういった順番で作業が進行していくのか等々、これからの行動が事前に見通せると、子どもの行動はずいぶんと落ち着いてくるはずです。

最後は、③の衝動性を抑えられない子どもに対する支援についてです。トットちゃんの例ではないですが、周りの環境に振り回されて次々に行動が移り変わってしまうケースの一方で、ある1つの情報にはまってしまってそこから抜け出せない、1つの刺激にとらわれて周りが見えなくなってしまう、などという場合もあります。衝動性は起きてしまうとなかなかコントロールが不能になるので、この場合の一番のポイントは、これから起こると予想される内容をイメージする、起こった時にはどのように回避行動をとればいいか予想させるといった、予想される状況を事前に想定させ、どのようにすればそれを回避することができるか事前に考えさせておくことです。もちろん、環境整備として、鉛筆がいつ折れても立ち歩かなくて済むように、携帯の鉛筆削りとビニール袋を用意しておくとか、座席の配置を工夫するとか、困った時には立ち歩かず、まず、「手を挙げて先生を呼ぶ」といったことをルール化しておくことが大切です。

ワークショップ3

板書を写すのが苦手なYさん

> 小学生のYさんは板書を写すのが苦手です。授業中に周りのみんなが板書を写し終わっても，Yさんはまだ書いています。Yさんが板書を写すのに時間がかかるため，先生は授業を進められません。
> 「早く書きなよ」と周りの子どもたちから言われ，Yさんはだんだんと板書を写すことを嫌がるようになってきました。
> どのように指導したらいいでしょう？

【問】
① Yさんがなぜ板書を写すことが苦手なのか，理由を考えて下さい。
② 板書が苦手な理由に対応する指導の手立てを考えて下さい。

1 板書を写すのが苦手な理由を可能な限り予想する

Yさんのように板書を写すのが苦手な子どものつまずきについて，その理由を考えてみます。

(1) 書字の問題

板書を写すことに時間がかかっているのではなく，平仮名や漢字を書くことに時間がかかっている場合があります。例えば，平仮名の書字が定着していない子どもならば，板書を見て読むことはできても，書く時「これでよかったかな？」と悩んだり，もう一度黒板を見て，自分が書いた文字が正しいかを確かめるために時間がかかってしまいます。漢字の書字が定着していない子どもも同様に，漢字を書く，書いた漢字を確かめることに時間がかかっている場合が考えられます。

(2) 視覚的な短期記憶の問題

板書を写すには，文字を1文字ずつ視写するのではなく，文や文節のまとまりを覚えて書きます。ところが，視覚的な短期記憶が弱い子どもは，黒板を見て文や文節のまとまりを覚えることが苦手なため，書いている途中で忘れてしまうことが多いと考えられます。そのため，何度も黒板とノートを見てしまい，板書を写すのに時間がかかってしまいます。一般的に視覚的な短期記憶が弱い子どもは，視線を動かす距離が長いほど忘れてしまうことが多くなります。

(3) 空間能力の問題

　板書を写している時に，自分がどこまで書いたのか，わからなくなってしまう子どもがいます。このような子どもは，空間能力が弱いと考えられます。空間能力とは，提示された複数の刺激間の空間的な関係を把握する能力です。空間能力が弱い子どもは，地図を読むことが苦手だったり，靴箱の位置を間違えたりすることが見られます。

(4) ノートの使い方の問題

　先生が板書した通りにノートに写そうと思っている子どもは，黒板に書いてある配置通りにノートに書けないと混乱してしまう場合があります。黒板は横長なので，ノートの縦横の比率と異なります。そのため「もうノートには書けない」「どう書けばいいのだろう」と悩んでしまい，時間がかかってしまいます。

2　仮説を特定し，指導の手立てを考える

　Yさんが板書を写すのが苦手な理由について，いくつか考えてみました。次に，それぞれのつまずきに応じた指導の手立てを考えてみます。

　まず(1)　書字の問題の場合は，平仮名や漢字の書きを習得することが必要です。書字の混乱が減り，スピードが速くなると板書を写す時間も短くなります。

　(2)　視覚的な短期記憶の問題は，可能であれば，子どもが視線を動かす距離を短くするような配慮ができるとよいと思います。黒板を見て写すより，ノートの横にあるプリントを見て写す方が，視線の動きを短くできます。また，苦手な視覚的短期記憶を聴覚的な短期記憶で補う方法も考えられます。例えば黒板に書いてあることを音読しながら書くことによって，板書の内容が聴覚的な情報として入力されるので，視覚的な情報のみの場合より，長く覚えていることができるようになるかもしれません。もちろん，この場合は他の子どもたちから「うるさいよ」と言われないような配慮も必要です。

　(3)　空間能力の問題は，黒板に書かれた文や絵，式などの配置関係が見てわかりやすいように配慮することが必要です。板書をする先生が，文字の大きさや色を変えたり，文や式を線で囲む，行間を少し広く空けるなどの工夫をすることによって，子どもの空間能力の弱さに配慮することができます。

　(4)　ノートの使い方の問題は，先生が板書の仕方を工夫するとともに，子どもにノートの使い方を教えることが必要です。子どもが縦長のノートに書きやすいように，黒板をいくつかに分割して，縦長に板書する方法もあります。また，子どもに対しては，先生の板書通りに写さなくてもよいことや，ノートを見開きにして，上下2段で使う方法など，様々なノートの使い方を教えることも必要です。

　このワークショップでは，Yさんが板書を写すのが苦手な理由を4つ考えました。この理由がどの子どもにも当てはまるわけではなく，それぞれの子どものつまずきを考え，指導の手立てを工夫することが大切です。

第3章　ワークショップ事例集　87

第4章

デキる特別支援教育コーディネーターになるための Q&A

Question 1
特別支援教育コーディネーターに指名され戸惑っています。校内支援委員会ってどんなことをする組織ですか？ 何から始めたらいいですか？

Answer

1 まず，前年度の校内支援委員会推進計画をじっくり眺めるところから…

コーディネーターに指名されてさぞお困りのことでしょう。すでに校内の支援委員会は組織されていることと思いますが，機能的に運営されてはいないようですね（組織としての運営実績があれば，新しいコーディネーターが戸惑うことはあまりないはずです…）。

新任コーディネーターとしての取り組みを始める前に，前年度までの推進計画（目的やねらい，業務内容と役割分担，支援の内容や年間計画など）に目を通し，不明なことは前任のコーディネーターや校内支援委員会の構成員だった先生に確認しておきましょう。それから，新年度の推進計画を自分なりの言葉で作成してみることをお勧めします（年度を書き換えただけの推進計画や本の丸写しは，みなさんの本意ではないはずです…）。

それでは，推進計画作成の手順に沿って，コーディネーターとしての仕事に目処を付けてみましょう。

2 校内支援委員会の目的・ねらい

校内支援委員会とは，学習や生活の場面で手助けを必要としている子どもへの適切で効果的な支援をチームで考え推進していくための組織です。目的やねらいはどの学校も同じような表現になると思われますが，大切な確認事項ですので，今年度重点的に取り組みたいことと共に，必ず明文化しておきましょう。

【ねらい：例】
特別な教育的支援を必要とする児童（生徒）の実態を把握し，保護者や各関係機関との連携の下，適切な教育的支援の在り方を学校全体で検討・推進する

【今年度の重点：例】
1．実態把握のチェック項目検討…
2．支援計画の書式見直し…
3．校内支援委員会全体会の実施…
4．ケース検討会議の実施…
5．保護者相談の実施…　　から2～3個

3 主な業務内容

ここが一番の難関です。本来の業務内容と学校のこれまでの取り組みが必ずしも一致しているとは言えないのが現状ですね。ひょっとすると，有名無実の作文に終わっていることも考えられます。主な内容（校内支援，連絡調整，研修の実施）は押さえつつも，子どもや先生方の困っている状況や，先生方の負担感に配慮しながら，今年度の業務内容としてできる範囲で具体的に表現して下さい。

【業務内容概要：例】
1．校内支援
○実態把握や情報収集と集約

○子どもと担任への支援体制の検討
○全体交流会やケース検討会議の推進
○保護者からの相談への対応

２．連絡調整
○教職員，保護者，外部関係機関との連携や情報交流のための連絡調整
○スクールカウンセラーや巡回相談員，学習支援員等との連携

３．校内研修の実施
　過去の研修内容，先生方の経験や理解の状況等を考慮し，候補を複数挙げて希望調査をしてみては？　ソーシャルスキルトレーニングやユニバーサルデザイン授業についての研修も旬ですね。

４　委員の構成と役割分担

　委員の構成は，学校種や教職員の配置数などによって左右されると思いますが，委員のやる気はコーディネーターの腕次第です。「あれもこれも」と右往左往している様子や，「あれかこれか」と迷っている姿は見せたくないものです。戸惑いはあっても，明確な目的意識をもって推進することが大切です。

【委員の構成：例】
○校長　　○教頭　　○養護教諭
○特別支援教育コーディネーター
○教務主任　　○生徒指導担当
○特学担任　　○巡回相談員
○スクールカウンセラー　　　　　　など

　委員の中に必ず管理職の先生が入っていますが，実際には教頭先生のみの参加や多忙を理由に参加していただけないこともあります。校内支援委員会の日程を年間計画の中に位置づけ，開催日が近づいたら声を掛けて参加を確認しましょう。どうしても都合がつかない時には，校内体制に関わることや対外的なことについて事前に判断を仰いでおくことも必要です。校長先生や教頭先生が不在で，大事なことが決められず次回へ…となっては，困っている子どもや先生は救われません。

　また，コーディネーター１人に業務が集中することのないよう，役割分担は業務内容の検討と同時に行うことが肝要です。

５　支援の内容

　校内支援の内容や実際の役割分担については，次項のＱ２で詳しく取り上げますが，「適切な教育支援」「効果的・効率的な支援」がキーワードです。担任の悩みを共有し，負担感なく続けられる支援を目指します。

６　年間計画と支援の内容を一覧で

　推進計画の作成に当たっては，表や図を工夫して「やりたいこと」を訴えましょう。特に年間計画と支援内容は，月毎・学期毎に一目瞭然となるよう，概要をＡ４判１枚にまとめることをお勧めします。

ワンポイントアドバイス

【学校便りで紹介を】
　コーディネーターは学校の顔です。年度当初の学校便りで紹介し，気軽に相談できる雰囲気づくりをしている学校もあります。

Question 2
特別支援教育コーディネーターとして校内支援委員会の推進を任されました。校内支援の流れや年間の推進計画について教えて下さい

Answer

1 コーディネーターの役割と資質

コーディネーターの役割は校内支援が円滑に進むよう支援委員会を牽引することです。スーパーマンのような資質が期待されますが，1人の力には限りがありますので，複数配置や他の委員との役割分担が望まれます。

【コーディネーターの役割】
1. 実態把握と子ども・担任支援の充実
2. 校内関係者や関係分掌との連携調整
3. 保護者に対する学校の相談窓口
4. 地域の関係機関との連携
5. 校内研修の充実　　　　　　　　など

【コーディネーターに求められる資質】
- ○特別支援教育や障害の基礎知識
- ○障害に関する福祉や医療の知識
- ○カウンセリングやアセスメントの知識
- ○企画力　○調整力　○交渉力
- ○ネットワーク構築の力　　　　　など

2 校内支援の流れ

子どもが困っている状況への気付きや，教師の指導の困難性，保護者の訴えなどが支援のきっかけとなります。支援の必要性が確認されたらすぐに，校内支援委員会を招集するくらいのフットワークをもちたいものです。

【支援の流れ：例】

①気付き
- もう忘れてしまっている
- また忘れ物をしたの？
- 教師の戸惑い
- 保護者の悩み
- 叱られてばっかり
- 子どもの混乱
- 担任の戸惑いや困難さを受け止め子どもの困りを客観的に把握しましょう
- 保護者の悩みに寄りそい，話を聞きながら必要な情報を収集しましょう

②校内支援の開催（随時）
- 子どものニーズ【実態把握】
- 保護者のニーズ【相談／懇談】
- 支援の方向性の検討
- 連携機関との連携の検討

③ケース検討会議の開催（随時）
実態把握に基づく支援策の検討

④個別の支援計画・指導計画の作成
作成は担任との共同作業で！

⑤関係機関との連携
教育委員会・教育相談所・児童相談所
医療機関・児童デイサービス　など

3　年間の推進計画

　Q1でもお話ししましたが，年間の計画が複雑でわかり難ければ先生方に活用していただけません。表や図にまとめる，マークやイラストなどを使う，理解を促すメッセージを入れる，など色々工夫してみましょう。

　学校によって必要な項目は変わってくると思いますが，月や各学期，前後期などの区切り毎に「校内支援委員会の取り組み」「実態把握と個別の指導計画」「関係機関との連携」など分けておくと見やすいと思います。

　いくつか例をご紹介します。

	校内支援委員会の取り組み	個別支援	関係機関との連携
4月	○校内支援委員会① （推進計画の検討） ○校内支援委員会② （実態把握の結果集約）	○実態把握の実施 ○家庭訪問の結果集約 ★過年度支援対象児の「個別の指導計画」見直し	・新1年生，幼稚園・保育所からの引き継ぎ確認 ・スクールカウンセラー，巡回相談員，学習支援員，学生ボランティアと日程調整
5月	●第1回校内支援全体交流会 （要支援児童の共通理解） ■ケース検討会議の実施（随時）	★「個別の指導計画」作成 ■個別支援に関わる校内関係分掌との連絡調整（随時）	・スクールカウンセラー，巡回相談員へ全体会参加依頼 ■ケース検討会議参加関係機関との連絡調整（随時）
7月		○保護者懇談会の結果集約	
9月	○校内支援委員会④ （ケース検討会議，研修会について）	★「個別の指導計画」見直し （随時見直しと加筆）	▲新1年の就学相談（随時）
11月	●第2回校内支援全体交流会 （外部講師による研修会実施）		
12月		○保護者懇談会の結果集約	
2月	○校内支援委員会⑤ （取り組み評価・次年度に向けて）	★「個別の指導計画」評価	
3月	●第3回校内支援全体交流会 （要支援児童の支援についての評価と引き継ぎ事項の確認）		・中学校との連携・引き継ぎ・幼稚園・保育所との引き継ぎ

	校内支援委員会の取り組み	関係機関との連携
4/3	校内支援委員会①	・スクールカウンセラー，巡回相談員，学習支援員，学生ボランティアと日程調整
4/20	校内支援委員会②　　2年生以上は個別の指導計画の見直しと実態調査表への記入をお願いします	
5/22	第1回全体交流会（支援の必要な児童の情報を共有します）	
9/	【ケース検討会議】 ケース検討会議は必要に応じて随時開催します。子どもが，先生が，保護者が困っていると感じたら気軽に声を掛けて下さい。個別指導計画の作成，個別支援の検討，関係機関との連携など，みんなで知恵を出し合いましょう	
10/		

Question 3
特別支援教育コーディネーターは「個別の指導計画」や「個別の教育支援計画」の作成にどこまで関わるのでしょうか？

Answer

1 個別の教育支援計画と個別の指導計画の違いを，説明できますか？

【個別の教育支援計画】
○個別の教育支援計画は，障害者基本計画に規定された「個別の支援計画」のうち，学校・園が作成するものを言います
○子どもが生涯にわたって豊かな生活を送ることができるよう，学校と関係機関が連携して適切な支援を行う目的で作成し，学校卒業後も進路先へと引き継がれていく計画です
○計画の所有者は本人と保護者です

【個別の指導計画】
○個別の指導計画とは，子どもの実態把握に基づいた適切な目標設定や指導が行えるよう，支援の内容や指導の方法を明確にしたもので，主として担任や直接の担当者が作成します
○教育課程と密接に関連しています
○計画には本人や保護者の思いや願いを可能な限り取り入れることが大切です

学校で「個別の指導計画」として作成されているもののほとんどは「個別の教育支援計画」に類するものか，もしくは「個別の指導計画」との混合型です。これから，内容について確認していきますので，両者の違いをしっかりと把握し，説明できるくらいになっていただきたいと思います。そうすれば「特別支援教育コーディネーターとして計画の作成にどこまで関わるのか？」という質問の答えは自ずと出てくることと思います。

2 個別の教育支援計画の作成は負担？

「個別の教育支援計画」は，子どもの情報を関係機関や関係者が共有できるよう，比較的長いスパンで作成されます。作成に当たっては，以下の視点が必要です。

【個別の教育支援計画作成に当たって】
○関係機関との連携や協力など，社会的資源を活用して支援を行う視点

(支援のネットワークづくりが目的)

○入学前の情報や進路選択など，入学から卒業までを見通した視点
・比較的長いスパン（年単位）での記述
○「個別の教育支援計画」を踏まえ，「個別の指導計画」を作成するための具体的な目標や指導方法につながる観点
○作成や関係機関との情報交換については保護者の同意が必要です

【個別の教育支援計画の内容】
○氏名，住所，家族構成等
○生育歴，医療療育・保育教育の状況
　（診断名や服薬の有無なども）
○入学前の子どもの様子や特徴
　・乳幼児期の成長発達
　・好き嫌いや興味関心
　・生活面（健康面や身辺処理）
　・運動面（身体発達や身体動作）
　・学習面（言語理解や学習・学力）
　・行動面（行動特性や集団行動）
　・情緒面（情緒の安定や情動統制）
　・対人関係（集団参加やコミュニケーション）
☆本人や保護者の願い（現在・将来）
☆課題と支援の目標・内容
☆支援の経過
☆関係機関との連携
☆関係機関の相談・支援の記録　　など

学校で作成している「個別の指導計画」の内容や，事前に収約している「個人調査票」や「フェイスシート」等の内容と重複していることに気がつきましたか？

実態把握を別にすれば，今あるものを整理して☆の項目を加えるだけで，意外と簡単にＡ４判１～２枚にまとめられそうですね。

　　意外と簡単…レッツトライ！

3　個別の指導計画は本当に作成済み？

多くの学校から「個別の指導計画」として提示される資料は，先に述べたように教育支援計画と混同されたものが多いようです。

また記述の内容も，実態把握の結果が目標設定に生かされていない，目標が大きすぎて１年間変わらない，手立てが抽象的で効果が見られない，など課題があります。下記の視点で作成する努力が必要かもしれませんね。

【個別の指導計画作成に当たって】
○実態把握に基づいた困りの把握
○具体的な目標設定と手立ての工夫
○目標や指導の手立ての評価・改善
○支援計画の目標と関連づける
○保護者の理解や作成参加が望ましい

【個別の指導計画の内容】
○実態：客観的なアセスメントによる
○目標：短期（学期）・長期（１年）
○手立て：誰がどうやって，どこまで…
○主な指導場面や支援・協力者
○評価：学校・家庭の評価　　　など

せっかく作成しても，『年度当初の全体交流会で目を通した後は，年度末の評価や引き継ぎ事項の記入まで一度も目を通さなかった』となってはがっかりです。慣れないうちは，できるところから書き始め，１年間を通して加除修正を続けて最後に体裁が整うくらいがよいと思います。

また，教育支援計画と指導計画を分けて作成することへの理解が得られにくいようなら，今ある混合型をちょっとだけ改善してみることをお勧めします。

次ページに，実態把握のための「チェックシート」や計画の例を載せましたので，参考にして下さい。

個別の教育支援計画（例）

【フェイスシート】— 「家庭調査票」や「個人調査票」で代用も可能

【現在の様子】【サポート地図】— 子どもの実態把握です。客観的にしかも簡潔に……

【相談支援の記録】：欄は在学年数分必要

【個別の支援プラン】：A4判1枚程度で

【サポート地図】— 現在，支援を受けている全ての機関をマップにしたものです。将来の支援につながる，大切な情報です

【個別の支援プラン例】

△△小学校	5年2組	氏名：○○　○○	作成年月日	記入者：○○　○

〈子どもの様子〉
○子どもの実態の中から，支援プラン作成に必要な項目を中心に記述

〈保護者の願い〉
〈本人の願い〉
〈担任の願い〉

支援の目標	支援の内容と方法
○長期の目標	○目標達成のための，学校や学級としての取り組み，関係機関との連携，支援を継続するためのネットワークづくりなどの視点で記述

〈支援の経過〉
○学校の取り組みだけではなく，ケース検討会議の実施，教育相談や医療機関の受診，手帳取得や各種サービスの利用などに至った経過などを簡潔に記述（相談支援の記録に代用可能）

〈評価〉	〈引き継ぎ事項〉

個別の指導計画（例）

○○小学校	平成25年度　個別の指導計画
1年間の目標	遊びや集団生活のルールを覚え，友達と仲良く過ごす
今学期の目標	ひらがなの短い文を読む。ボール遊びのルールを覚え，5〜6人の友達と遊ぶ
得意なこと・よさ	運動が得意。好きなことには集中してやり遂げる。友達と一緒の活動や遊びを好む
苦手なこと	読み書きが苦手で遅い。すぐ忘れて聞き返す。忘れ物も多い。ルールを守れない

〈1年生2学期〉

	実態	短期目標	手立て	場面・指導者
学習面	音読が苦手で，単語としてのまとまりで読めない	単語を文節ごとに音読する	教科書の文節ごとに区切り線を入れ，まとまりを意識できるようにする 家庭でカルタや歌遊びをする	国語（学習支援員） 家庭（母親）
生活面	学習で使うものを1人で準備できず，ノートや提出物の忘れ物も多い	学校で使うものを忘れずに持ってくる	1週間単位で「今週の持ち物表」を作成し，いつも確かめられるようファイルに入れておいてチェックさせる	学校（担任） 家庭（母親の点検）
行動面	ドッジボールのルールが覚えられず，自分のやり方にこだわって…	ボールが当たったらコートの外に出る	簡単なルールを大判用紙に箇条書きし，当たったら出ることだけを… 当てた相手に文句を…	体育・中休み（担任）

> 個別の教育支援計画と個別の指導計画の混合された形式（例）

5年2組　男　氏名：○○　○○　担任：○○　○○○				サポート地図
子どもの困り				○○クリニック 主治医△△ 月1回通院　　　　本人
子どもの実態	【学習面】学習の遅れや関心の偏り等	【生活面】身辺処理や運動動作等	【社会性】対人関係や情動の統制等	
保護者の希望				
目標	○目標は短期（ひと月〜1学期）で達成可能なもの。手立ては具体的に記述			
手立て	○手立ては随時検証し，効果が見えなければ新しい手立てを工夫する			
評価	○学期末などに，それまでの取り組みを振り返り，目標や手立ての検証を行う。必要ならば変更する		○学年末に，次年度への引き継ぎ事項を記述しておく	

> ○○中学校　実態把握シート（例）

校内支援委員会「ピックアップシート」平成25年度

記入日　5月　15日

○年　○組　☑男・□女　　氏名（○○　○○○）　　記入者（○○　○○）

	支援を要する項目（複数チェック可能）
学習支援	☑学習理解の困難や遅れ　☑LD傾向　□極端な不注意 □弱視・軽度難聴・色弱　□肢体不自由・病虚弱など身体的な困難 ☑特記（動作が遅く運動は苦手。手先を器用に使えない　　　　　）
適応支援	□集団行動上の困難　　　　□不登校傾向　　　☑友人関係（トラブル等） ☑言葉やコミュニケーション上の困難　　　□多動傾向 ☑特記（友達にからかわれても，いやと言えず黙り込むことが多い　　　　）
生活支援	☑怠学（遅刻・欠席）　　　☑忘れ物・配布物の紛失等 ☑生活習慣（生活リズム）・食生活・衛生面・身辺処理・他：　　　　　　　　） □家庭外での問題行動　　　☑特記（昼夜逆転するほど，ゲーム依存がある）
保護者支援	□養育上の困難（　　　　　　　　　　　　　　　　）□経済的な困難 □その他（　　　　　　　　　　　　　　　　　　　　　　　　　　　）
相談機関	□利用無　　☑利用有 　　　機関名：○○教育センター 　　　検査結果等：小学校3年生より定期的に相談継続中
医療機関	☑利用無　　□利用有 　　　病院名： 　　　診断等：
特記事項	・授業中は，ぼーっとして窓の外を見ていることが多く…

Question 4

発達障害や特別支援教育についての先生方の理解が得られず支援が進みません。特別支援教育コーディネーターとしてどのように対応すべきですか？

Answer

1 先生はどのタイプ？

コーディネーターとして，「先生の理解が得られない」と感じるのはどんな場合でしょうか？　子どもの見取りが不十分な場合と，指導や支援が適切でない場合では対応の切り口が違ってくると思います。また，熱心だが経験の浅い場合と，ベテランでも意欲が低い場合では対応の仕方を変える必要があります。

下記の表でチェックしてみませんか。

【理解や取り組みを妨げているものは？】

□経験が浅く，学級経営に追われている
□関心が低く，必要感もあまり高くない
□特別支援教育や障害は「特別なこと」で，あまり関係ないと捉えている
□知識はあるが，実践につながらない
□子どもの「困り」に気づかない
□なぜ困っているかわからない
□「困り」への手立てをもっていない
□自分は取り組んでいると思っている
□取り組みがうまくいかず，諦めている
□学級に他人が入ることを好まない
□チームでの取り組みに慣れていない
□プライドが高く，相談できない
□1人で抱え込み，相談できない　　など

もっとありそうですね。チェックしながら，対応策が浮かんできたのではありませんか？

コーディネーターとして，担任への不満を不用意に漏らすことのないよう注意しましょう。なぜ理解や取り組みが進まないのか様々な視点から考えてみることをお勧めします。

2 小学校で理解を進めるには

先生方の理解や取り組みが進まない要因に見当が付いたら，担任支援の視点から行動を起こしましょう。「職員会議で校長や教頭から，推進の必要性を説いてもらう」「研修会を開く」となりがちですが，あまりよいアイディアとはいえませんね。一朝一夕に理解が得られるとは考えられません。解決策は，コーディネーターの自分がまず「担任支援に動く」ことの中に見つかるものです。

【担任支援…始めの一歩】

○校内を巡回し，学級をのぞく
○必要とされた時に，TTに入る
○TTとして適切な支援を続ける
○子どもの「困り」を把握し記録する
○記録を基に，資料「実態一覧表」作成
○巡回相談員やスクールカウンセラーに学級の参観を依頼する
○巡回相談員と担任の懇談を設定する
○「困っている」子どもの保護者と日常的に話をする　　など

左のチェック表は，主として小学校の担任に見られる姿から作成したものです。残念な

がら，中学校の担任は生徒と関わる時間が短く，生徒の状況と「特別支援教育」「校内支援」を結び付けにくいと思われます。

それに比べ，小学校の担任は児童の側にいることが多いので，必ずと言っていいほど困っています。それをくみ取る努力や，理解につながる働きかけが必要です。

【担任支援…次の一手】
○担任が困る時間を特定して支援に入り，子どもの困難な状況を共有する
○「先生のこんな方法が良かった」と担任の取り組みを評価して伝える
○共有した実態と担任の取り組みを，支援対象児童の「実態と支援の手立て」としてまとめ，全体会議で提示する
○「保護者の悩み」を担任に伝える
○巡回相談員やスクールカウンセラーの見立てを担任に伝える

3 中学校で理解を進めるには
(1) 生徒指導の視点から

中学生になると，衝動性や多動性など，行動上の困難やパニックなどはあまり見られなくなります。その代わり，思春期特有の行動特性（口数が減る，反発する，言葉遣いが悪くなる）や二次障害を起因とする反抗，非行や不登校など，これまで「生徒指導上の問題」と考えられてきた状態像が目立ってきます。

中学校で特別支援教育への理解を促すためには，まず生徒指導の視点から考えていくことがポイントです。

○中学校では，影響の大きい生徒指導部の先生との連携や協力が欠かせない
○生徒指導＝特別支援教育という考え方を理解してもらうことがポイント
・生徒のつまずきの陰に発達障害を起因とする困難が潜んでいることが多い
・発達障害児への支援の中に，生徒指導の参考になる指導法が多くある
○校内支援委員会の構成員に，生徒指導部の先生は外せない
○理想は，困っている全ての生徒の名前をまず校内支援委員会が把握すること

(2) 学習指導の視点から

小学校と中学校の大きな違いの1つに教科担任制があります。発達障害（含疑い）の生徒にとっては，学習の困難や学力の低下を招き二次障害を深刻化しかねません。各教科担任の「目」と「アイディア」を学年に広げるところから始めてみませんか？

○学級の様子や生徒の様子を複数の目で把握できることを利点と捉える
・各教科担任から，学力のバラツキや得意不得意などの情報を集約する
・学年全体で，対象生徒の学習上の困難や問題点を共通理解する
○各教科で可能な支援を提供してもらい，共通の支援策へとつなげる

Question 5
通常学級での支援が難しい子どもについてケース検討会議を開きたいと考えています。ケース検討会議のポイントについて教えて下さい

Answer

1 ケース検討会議の開催までに…

対応の難しい子どもの教育的支援の内容や方法を検討するための会議を，ケース検討会議と言います。学校が，対象となる子どもに関わっている学校内外の関係者を招集して，具体的な支援策を話し合います。場合によっては，保護者が参加することもあります。日本では少ないのですが，米国などでは本人も参加します。コーディネーターは開催までの連絡調整や，当日の司会進行を務めます。

【ケース検討会議開催までの流れ：例】
1. 子どもの「困り」の把握
   〜子どもから，担任から，保護者から〜
2. 客観的な視点からのアセスメント
   〜スクールカウンセラー，巡回相談員，特別支援学級担任等の見立て〜
3. 当日の検討事項の決定
   〜検討事項で招集機関が決まる〜
4. ケース検討会議開催日程の決定
5. 招集する関係機関の決定と参加依頼
6. 保護者への説明と参加依頼
   〜理解を得ることが困難で，保護者が出席しないこともあります〜
7. 参加者との連絡調整や資料の準備

2 ケース検討会議への参加者

【学校】
○校長・教頭　○コーディネーター
○担任　○TT（総務など）
○養護教諭　○特別支援学級担任
○幼稚園・保育所　○中学校・高校

【教育関係】
○フリースクール　○学習塾

【教育委員会関係者】
○学校担当・相談担当指導主事
○スクールカウンセラー
○巡回相談員　○学習支援員

【医療・福祉関係】
○医療機関　○療育機関
○児童相談所　○児童デイサービス
○相談支援事業所　○生活保護課

【地域】
○主任児童員　○児童会館

【家庭】
○保護者（父母・祖父母・叔父叔母…）
○本人

…などから必要に応じて招集します。

3 ケース検討会議当日の流れ

ケース検討会議当日は，初対面の人もいます。コーディネーターは堅苦しい雰囲気にならないよう配慮しながら，進行しましょう。

【ケース検討会議当日の配慮事項】
○場所は校長室よりも，人数に見合った小会議室や相談室など静かな部屋で
○机は対面よりも，円卓方式で
○担任の説明は短く簡潔に
○参加者全員が情報や意見を述べられるように，順番にも配慮して
○保護者の気持ちに沿って

【ケース検討会議開催の流れ：例】
司会：特別支援教育コーディネーター
1．参加者の自己紹介
　（所属機関や業務内容も簡潔に）
2．担任による状況と検討事項の説明
　（資料に基づいて）
3．説明に対して，参加者からの質問
　（個人情報に配慮しつつ情報提供）
4．参加者からの情報提供と照合作業
5．保護者が参加している場合は，その願いや考えを参加者が共有する
6．**司会は情報を整理してまとめる**
7．これまでの対応の振り返りと，これからの支援策についての意見交換
8．今後の支援内容と役割分担を決定し確認する
9．保護者の了解を得る
10．次回開催の必要性があれば，開催予定日を決定しておく
〜廃棄の必要がある資料は回収〜

実践例：ケース検討会議も工夫次第

【小学校：インシデント・プロセス法の応用】
参加者：コーディネーター，養護教諭
　　　　対象児童の学年担任全員
　　　　特別支援学級担任，巡回相談員
方法：巡回相談員の訪問日に会議を設定
・1回に2〜3ケース，各1時間程度
・担任の口頭によるインシデント（エピソード）提供を，参加者の質問で深める
・参加者全員で支援策を検討し，黒板等に簡潔に図式化してまとめる
・コーディネーターは，それを写真として記録に残し，関係者に配布する
この方法は，担任の負担感が少なく，気軽にケース会議を開ける利点があります。
参加者も，お互いの意見が視覚化されることで，より具体的な手立てが見えてきます。

【中学校：校内支援委員会で実施】
参加者：校長，教頭，コーディネーター
　　　　養護教諭，学年代表，生徒指導部，特別支援学級担任，巡回相談員
　　　　スクールカウンセラー（以下SC）
方法：SCと相談員の訪問日に会議を設定
・コーディネーターが支援対象生徒の実態一覧表を作成して資料提供
・SCと相談員の見立てや助言を受けながら実現可能な支援策を検討
・コーディネーターが実態一覧表に支援策を加筆して後日関係者に配布
学校の支援体制が整いにくい中学校でのケース検討会議には専門家の活用が効果的

Question 6
特別支援教育についての研修会を開きたいと考えています。実りある研修にするためのポイントについて教えて下さい

Answer

1　研修の内容を絞り込む

「特別支援教育についての研修会」といっても内容は多岐にわたります。コーディネーターとしてどんな研修をイメージしているのか，漠然としていて捉えどころがありませんね。もう少し絞り込むために，いくつか内容を挙げて考えてみましょう。

【特別支援教育についての研修内容】
1. 特別支援教育全般に関する内容
　～テーマとしては新鮮さに欠けますし，先生方の関心も高くないのでは？～
2. 発達障害の理解に関する内容
　～発達障害の理解からどのように指導につなげるかが求められています～
3. 子どもの困りに関する内容
　～学習・行動面などの「困り」に対する理解と対応へのニーズは高い？～
4. 具体的支援や授業に関する内容
　～先生方の関心は高いですが，単なるハウツーに終わらせない工夫が必要～
5. 保護者対応に関する内容
　～具体的な事例を示し，ワークショップ形式で行うと理解が深まるかも…～

私は巡回相談員として，小中学校の研修会講師を引き受けることがあります。コーディネーターの先生と研修内容について打ち合わせをする中で，学校の研修ニーズが4～5年前とは変わってきていることを感じています。最近，特に増えている研修内容は…。

【最近増えている研修内容】
1. 子どもの困りに関する内容
　～学習・行動面の「困り」に加え，情緒面の理解と対応へのニーズの高まり～
2. 第4の発達障害に関する内容
　～理解や対応の難しい子どもが増えていることに危機感をもっている先生も…～
3. 具体的支援や授業に関する内容
　～ソーシャルスキルトレーニングやユニバーサルデザイン授業への関心～
4. 保護者対応に関する内容
　～対応の難しい保護者が増え，虐待や第4の発達障害への意識の高まり～
5. ケース検討をまじえた研修
　～知識や理解だけではなく，特徴的な「困り」のある子どもを想定したワークショップや事例検討会も有効です～

校内支援委員会が主催する研修会は，子どもの困りや先生方の悩みを少しでも軽減したいと願って開催するものです。単なる思いつきによる内容や，講師への漠然とした依頼で終わるのはもったいないと思いませんか？

2　研修のレベルを決める

研修の内容が固まってきたら，次のような

視点を考慮しながら，基本，発展，応用等の研修のレベルを検討していきます。

【研修レベルを決める際に…】
○教職員の年齢構成や経験年数
○特別支援学級設置校勤務の経験
○特別支援教育への理解や基本的知識
○発達障害への理解や基本的知識
○他機関での研修への参加状況
○校内研修への期待やニーズ
○担任の悩みや戸惑いの状況
　等を少しリサーチしてみませんか？

【研修のレベル】
基本レベル
○特別支援教育や発達障害に関する基本的な理解
○発達障害のある子どもの学習・行動面の「困り」の理解と支援のポイント

発展レベル
○行動改善のためのソーシャルスキルトレーニングや学習支援のためのユニバーサルデザイン授業
○暴力暴言や不登校など，第4の発達障害や二次障害への理解と支援

応用レベル
○虐待や対応困難な保護者の理解
○ケース検討：個別の指導計画の作成や関係機関との連携なども含めて
○アセスメントの視点による子ども理解や発達検査の理解

3　講師の人選をする

　研修の内容に目処がついたら，講師の人選をします。予算のない中での講師依頼になるので人選は限られてくると思います。教育委員会の指導主事や相談支援機関の担当者など，公的機関への依頼ならば，派遣という形になり講師料はかかりません。私も巡回相談員への要請という形で研修会の講師をお引き受けすることがあります。コーディネーターとしてのネットワークを生かして，他校の研修講師の評判を聞いておくのも一案です。いずれにしても，今，目の前にいる子どもの理解と支援に役立つ話をしていただける方に，具体的な要望を伝えてお願いしましょう。

4　研修会のもち方を工夫する

　多くは年1回の開催ですが，中には下記のような工夫をしている学校もあります。

研修会のアイディア紹介

○同一講師の研修を3年間継続し，「発達障害の理解と対応」〜「不登校対応」〜「事例検討」とレベルを上げていく
○短めの講話後，学年毎に対象児童についての支援策を検討し，検討結果を発表しながら講師の助言を受ける
○年3回開催される校内支援委員会で，毎回テーマを決めて，スクールカウンセラーや巡回相談員のミニ講話を入れる
○研究部と連携して，校内研究のテーマを「授業のユニバーサルデザイン化」に設定し授業研究の日に巡回相談員の訪問を要請し，授業反省の中で助言を受ける

▶Question 7
子どもの主治医や支援を受けている関係機関と，連携をとりたいと考えています。連携のポイントと配慮事項を教えて下さい

▼Answer

1 連携の目的は何ですか？

最近は，診断を受けた後も定期的に主治医の診察を受ける子どもや，放課後などに児童デイサービスを利用する子どもが増えています。また，学校が関係機関と連携をとることを希望している保護者は少なくありませんが，必ずしもうまくいっていないのが現状です。

学校にとって，関係機関との連携はどの様な意味をもつのでしょうか？ 連携に際しての留意点は何でしょうか。せっかく顔を合わせても，目的がはっきりしていないと，ただの顔合わせや，主治医の話を聞くだけの集まりになってしまうこともあります。

2 専門家との連携は苦手ですか？

学校で質の高い教育支援を実施するためには，専門家との連携を進め，積極的に活用することがとても大切です。外部の専門家としては，医師や看護師，理学療法士，作業療法士，言語聴覚士，特別支援学校や大学の教員など多様な職種が考えられますが，それらをどのように活用すればよいか十分なコンセンサスが得られていないのも事実です。学校には「何をどこまで活用できるのかわからない」という戸惑いや，専門家に対する気後れもあるように感じます。私たちは教育の専門家であるという自覚をもって，ふさわしい連携に心がけていただきたいと思います。

【連携のポイント】
○事前に保護者の了解を得ることと，個人情報の管理を徹底することが基本
○連携先の機関名や支援内容を把握し，教育・医療・療育・福祉・労働など，分野別に一覧を作成しておく
○各関係機関とどのような連携を図り，教育的支援にどのように役立てるのかを，前もって確認しておく
○連携に先立ち，担当者や手続きの方法などの情報を確認しておく
○事前に把握している個人情報は「サポート地図」などにまとめておく

【連携に際しての留意点】
○連携はどの機関とも平等な立場で行うのが原則
○専門家の話を聞く，直接的支援を受けるといった受身的活用では不十分
○学校での子どもの状況や教育支援の内容を伝え，専門的助言を促すような能動的活用が必要
○各関係機関や専門家に関する基本的な事項や用語について，最低限の知識を得ておくことも必要

Question 8
幼稚園や保育所からの情報が少なく，中学校への引き継ぎもうまくいきません。効果的な情報交流の方法を教えて下さい

Answer

1 必要なのは，支援のための情報です

コーディネーターは，新入学の児童・生徒の情報を事前に集約し，校内支援の必要性を把握して速やかに教職員に提供することが求められます。しかし，引き継ぎで得られた情報だけでは不十分で，新学期が始まってから予想外のトラブルが…ということも少なくありません。保護者の了解の下，子どもへの支援を継続させる視点での引き継ぎが必要です。

【引き継ぎの視点】
○引き継ぎの視点を指導から支援へ
　支援の対象者や内容の引き継ぎよりも，学級編制や集団指導のための情報収集に重点が置かれがちです。
○認知・行動・発達の視点で引き継ぐ
　行動上の「問題点」の把握が，主な目的になっていることがあります。学力や理解力，行動の特性，社会性や情緒面の発達などの視点も含めて引き継ぐことが大切です。
○子どもを取り巻く環境の把握を！
　家庭を含む環境因は，子どもの成長発達に大きな影響を与えます。
○関係機関だけでなく，地域資源の情報も一緒に引き継いでおくと，入学後の支援に役立つ

2 必要な情報は，出かけてでも収集！

園や学校間での連携や情報の引き継ぎが十分でないと，指導が断片的になり，教育支援計画は役に立ちません。必要な情報は出かけてでも収集！というコーディネーターの行動力が期待されます。

【効果的な情報交流のために】
○教務部・指導部から校内支援委員会へ
　子ども支援の視点から考えると，引き継ぎや情報交流会の企画推進は，校内支援委員会が担当したいものです。
○出かける，見る，顔を合わせる
　引き継ぎに加え，相互訪問や参観を企画し，コーディネーター同士が直接顔を合わせて必要な情報を収集します。
○「個別の教育支援計画」を活用する
　様々な情報を，細切れで交流するのは非効率的です。教育支援計画の作成と活用が急がれます。

ワンポイントアドバイス

【お互いの言葉を鵜呑みにしない】
　同じ言葉でも，幼稚園・保育所，小学校，中学校それぞれで，使い方や意味するところが違います。お互いの情報の真意を確かめる努力が必要です。

Question 9
次年度入学予定の保護者から，学校見学と就学相談を求められました。就学相談のポイントや配慮事項等を教えて下さい

Answer

1 保護者の不安や期待を把握する

コーディネーターとして，入学を前にした児童・生徒の保護者からの学校見学や就学相談の対応をすることがあります。その内容も，すでに市町村が実施している「就学相談」を終えて，特別支援学級への入学を前提とした見学もあれば，親として子どもの就学を不安に思っての相談まで多岐にわたっています。

保護者の不安や迷いが大きく，何度も相談を重ねる場合もあります。コーディネーターとしての力量が問われる業務と言えます。

【学校見学や就学相談の目的】
○子どもに合った教育や適切な支援が受けられるのか確かめたい
○子どもの様子を見てもらい，よく理解してもらいたい
○特別支援学級と通常学級を比べ，どちらが適しているか検討したい
○通常学級の中で，どの程度支援してもらえるのか具体的に知りたい
○学校の先生に見てもらい，通常学級でも大丈夫というお墨付きを得たい
○入学前に学校と相談が必要と言われ，とりあえず来てみた
○子どもの発達に心配があり，不安でとにかく学校に相談したい…　　　　　　　　など

このように見学や相談の目的は様々ですが，保護者は不安と学校への期待の狭間で揺れ動いていることを前提にした対応が望まれます。

【保護者対応のポイント】
○窓口を一本化し，申込時からコーディネーターが対応する（役割・氏名を告げる）
○相談の目的に沿って，相談日時を決定する（相談だけなら放課後…など）
○保護者が告げた目的の陰に，真意や別の目的が隠されている可能性を排除しないで，慎重に対応する
○まず，じっくり話を聞いてから保護者の言葉で内容を整理し，確認する
○所定の書式に沿って，必要な情報を収集し，次回以降の質問の重複を避ける

2 保護者の不安や期待に応えるために

学校見学や就学相談を円滑に進めるために，以下のような準備をしておきます。

○相談時の確認事項をまとめた「相談票」を事前に作成し，記録として残す
○特別支援学級の教育課程に関わる事項を簡単にまとめた資料を準備する
○学校施設設備の説明資料を準備する
○見学の予定を職員に周知しておく

Question 10

保護者から，他の保護者や学級の子どもに対して障害告知をしたいとの相談がありました。どう対応すべきか教えて下さい

▼Answer

1 保護者による告知の意図を知る

子どもの障害告知には，難しい課題が多々あります。告知する相手や当事者である子どもの年齢などによっても状況は変わります。そして何より，周囲への告知は，本人が知る機会となることへの対策が必要となります。

【保護者による障害告知の目的】
○子どもの障害に対する周囲の人の理解を深め，支援環境を整えたい
○周囲の人が子どもの障害を受け入れ，みんなで支え合う社会にしたい
○対人トラブルによる苦情が多く，謝罪を繰り返している。告知をすることで，相手に納得してもらいたい
○周囲の人の理解を得ることで，子どもをいじめから守りたい　　　　…など

【本人への障害告知の目的】
○子どもが他児との違いに気付き始めている。悩む前に告知しておきたい
○叱られることが多く，自己肯定感の低下が見られる。自分の障害特性に気付いて向き合えるようにしたい
○自分の置かれている状況への疑問や自己評価の低さに対応し，自己理解を促すためにも時期を見て告知したい…
　　　　　　　　　　　　　　　　　　など

2 障害告知をするとしたら…

告知を考えるに際し，保護者と以下のような観点で十分に話し合いを重ねましょう。

【告知の対象】
○子ども…本人，兄弟，他の児童など
○大人…他児の保護者，学校職員など

【告知の時期】
○自分と他児との違いに疑問をもち始める，小学校中学年の頃
○自分の障害特性に気付き，悩み始める小学校高学年の頃
○自己評価を通して自己理解を深める，中高生の頃

【告知の内容…本人と他者では違う】
1．障害特性について（優れた能力も）
2．障害児の気持ちについて
3．関わり方について…　　　　　など

ワンポイントアドバイス

【発達段階に合った告知を】

本人や他の児童など子どもへの告知は，実年齢や言語理解力，社会性の発達段階などに合わせて，内容を工夫する必要があります。保護者の気持ちやニーズに沿った対応が求められます。

Question 11
保護者が子どもの状況を認めず，懇談会でトラブルを伝えた担任と決裂してしまいました。特別支援教育コーディネーターとしてできることは？

Answer

1 まず，懇談の前に…ここを押さえる！

学校訪問をしていると，多くの担任が保護者との連絡や懇談等の連携がうまくいかず，理解が得られないと感じて悩んでいます。

今は，「話せばわかる」「親は困っている」を前提に，担任の思いや願いを熱心に伝えればわかり合える時代ではありません。

「こちらの熱意」や保護者との「信頼関係の構築」に過剰な期待を抱かず，客観的なデータを基に見通しをもって懇談に臨む姿勢が求められます。

担任がつまずく前に，コーディネーターとして以下のような保護者対応のポイントをいくつか押さえておきましょう。そして機会ある毎に，教職員全員に伝えましょう。

2 連携は，保護者の心情や障害受容の状況への理解がなければうまくいきません

担任は，子どものために保護者に現状を伝えようとしたはずです。しかし，全ての保護者が相談や連携に理解があり協力的なわけではありません。不安定で懇談会への出席そのものを拒否する，土壇場でキャンセルする，などは珍しいことではありません。保護者の心情や状況に合わせて，話し合いが一方通行や正面衝突にならないよう，細心の注意を払うことが大切です。

【保護者の心情や状況を知る】
- 子どもの困難（問題）に気付いていない
- 気付いていても，認められず，受け入れられない。触れてもらいたくない
- いじめや差別などを心配し「特別扱い」に過敏になっている
- 「特別支援＝特学」のイメージが先行し，頑なに支援そのものを拒否している
- 支援を求めて「通級」までは受け入れられるが，「特学」は拒絶している
- インクルーシブ等の考えに基づく通常教育の希望が強い
- 保護者の養育能力等からくる，無理解や無関心，放任の状態にある
- 保護者自身に，相談や連携に必要な社会的スキルの不足が窺われる場合も…
- 虐待が疑われる場合は，子どもに危険が及ぶ可能性もあり，より慎重な対応が望まれます

それでも，困っている保護者は大勢います。本当は分かってもらいたい，良い示唆を得たい，と願っているはずです。次のような子育ての悩みや不安，障害認知の複雑な心情変化にも理解を示し，気持ちにより添いながら懇談するスキルを身につけてほしいと思います。

【子育ての悩みや不安】
- 育て難さに，つい叱ってしまう

- ○「子育ての失敗」と自分を責めている
- ○もしかして「障害では」との不安が強い
- ○子どもの将来像を描けず，困惑している
- ○孤軍奮闘で，相談相手がいない

【障害告知を受けて…受容の過程】
- ★ショック…頭は真っ白
- ★拒否…そんな！　何かの間違いだ
- ★悲哀と怒り…なぜ我が子だけが？
- ★適応…ありのままを受け入れよう
- ★再起…この子と共に強く生きよう

　我が子に障害があると知った親が，受容に至る過程と言われていますが，そんなにすんなりとはいきません。親の心情はいつも大きく揺れ，行きつ戻りつしています。親の気持ちにより添うことの難しさはここにもあります。

3　保護者懇談に失敗しないために…

【保護者懇談の目的を明確にする】
① 　子どもの困っている状況を伝えたい
　　★先生の「困り」になっていませんか？
② 　子どもの「困り」を軽減したい
　　★先生の願いで終わっていませんか？
③ 　家庭学習などで協力を仰ぎたい
　　★家庭への丸投げではありませんか？
④ 　子どもを専門機関につなぎたい
　　★何を期待していますか？
⑤ 　子どもの情報をもっと知りたい
　　★一番よく知っているのは誰ですか？

【上手な伝え方1…目的に沿って】
① 　困っている状況を具体的に伝える
○「作文がうまく書けずに困っています」
×「作文が嫌いで書かないので困ります」
対人トラブルなどの事実はきちんと伝え，対応策を一緒に考える姿勢を示しながら
② 　具体的な到達目標を示しながら話す
○「経験したことを，短い文で書く」
③ 　学校での取り組みを説明し協力を仰ぐ
○「単文を書く練習帳を持たせるので…」
×「作文の宿題をさせて下さい」
④ 　なぜ専門機関を勧めるか理由を添えて
○「支援の手立てを知りたいので…」
×「一度専門医に診てもらって下さい」
⑤ 　家庭での状況や生育歴，相談歴など，指導に役立つと思われる事項を整理し，保護者から学ぶ姿勢で尋ねる

【上手な伝え方2…相手を見ながら】
○一気に伝えようとがんばりすぎない
○懇談中の保護者の様子に合わせて
○無理だと思ったら，引っ込める
○必ず次回につながるように
○来てくれたことに感謝の言葉を

ワンポイントアドバイス

【禁句集】
○診断名に類することは絶対に口にしない
　「ADHDのような行動が…」
○親を責めない「おうちでどのような関わりをしているのでしょうか？」
○自分を弁護しない

Question 12
保護者から担任の指導力についての苦情や過度の要求がありました。保護者に納得してもらえるような対応の仕方を教えて下さい

▼Answer

1 保護者は学校に何を求めている？

学校は，強い口調での苦情や，一方的で断定的な要求への対応が苦手です。何とか穏便にという思いが，苦情や要求の内容を吟味しないままの対応になりがちです。

【苦情や要求に隠された誤解や真意】

○指導力がないので成績が下がった
- 保護者は，勉強は読み書き計算のテストができることと思いがちです。学習の目標や内容を具体的に伝えていますか？

○忘れ物をしないよう指導してほしい
- 最近は学校での社会的スキルの育成と家庭の躾が混同されがちですが，学校のもつノウハウを伝えてみては？

○学校へ行けなくなったのは…
- 登校渋りや友達とのトラブルなどは，現象面よりもその原因や要因の方が重要ですが，保護者にはわかりづらいものです。子どもの発達課題を見通した早めの対応が必要です

○学校であったことを伝えてほしい

○トラブルが多く心配で相談したい
- 「相談のチャンス到来！」と勢い込むと，「うちの子だけが悪いの？」「家ではしない！」と反撃されることも。まずは，保護者の話を聞くことから

---

2 学校は保護者に何をどう伝えている？

コーディネーターや担任の伝え方そのものが，保護者の「かんに障る」「逆鱗に触れる」ことがあります。保護者の心情に配慮して話したつもりが，かえってわかりづらい話し方になってしまうこともあります。

【家庭に丸投げなの？】

○勉強が遅れ気味で心配です。家庭学習も忘れることがありますので，ご家庭で見てあげていただけますか？

★勉強ができないのは私のせい？ 教えるのは，あなたの仕事でしょ！

【もっと早く気付けなかった？】

○最近，学校で元気がありません。保健室に行く回数が増え心配です。ご家庭で何か思い当たることは？

★どういうことなのか，こっちが聞きたいくらいよ！ 子どものこと，ちゃんと見ててくれたんじゃないの？

【保護者を責めているの？】

○お友達に手が出て，乱暴で困ります。学校でも指導しますが，ご家庭でもお願いします

★親にどうしろと言うの？ 叩いてでも止めさせろと？（本当になることも）

★家ではしない。学校の指導が悪い！

3 本当は，何をどう伝えるべき？

　保護者に伝える時に，一番してはいけないことが，子どもの状況や状態だけを伝えて，あとはご家庭で何とかしてくださいという投げかけです。教育の専門家として，アセスメントに基づく，学習面・行動面・情緒面の困りとその対応策を具体的に伝えることが保護者に納得していただく近道です。

(1) 学習面

　「勉強ができない」「学校の成績が下がってきた」ことは，学校から言われるまでもなく，保護者は百も承知です。保護者が聞きたいのは，なぜ勉強がうまくいかないのか，成績を上げるにはどうすればよいのかということです。学習指導力が問われているのです。下記の視点で，学習面のアセスメントをし，その対応策と共に伝えましょう。

【アセスメントの視点…学習面】
○到達度：学習の全般的な遅れの有無は？
○学力：教科や領域でのバラツキは？
○学習：学びにくさや自己流のやり方は？
○関心：極端な偏りや固執傾向は？
○態度：学習への注意集中や意欲は？

【学習面への対応策】
○授業のユニバーサルデザイン化
　（視覚化，焦点化，イメージ化等の工夫）
○個別指導，小集団指導，習熟度別指導
○段階別課題や別課題の準備…　　　など

(2) 行動面

　トラブルは起こった後に把握されることが多く，状況や原因の特定は難しいことですが，「どんな行動にも訳がある」はずです。行動上の困りを，多くの視点からアセスメントし，社会性の発達を促すことが大切です。

【行動の主な要因】
○注目を集めるための行動
○やりたくないことを表明する行動
○やりたいことをやってしまう行動

【アセスメントの視点…行動面】
○コミュニケーション：言葉で伝える力
○周囲の状況把握：察する力
○心情理解：相手の立場で考える力
○情動の統制：自分をなだめる力
○自己理解：自分の言動を客観視する力

【行動面への対応策＝社会性の発達】
○構造化：環境や情報をわかり易くする
○ソーシャルスキルトレーニング
○ルールや約束による指導…　　　　など

(3) 情緒面

　子どもにとって「わからない」「見通せない」ことへの不安と混乱は非常に大きいものです。また，叱責や失敗の経験が自己肯定感の低下を招き，不適応を起こして二次障害へと至る子どもが増えてきています。

【アセスメントの視点…情緒面】
○自己肯定感：小学校中学年位から低下
○不適応：不安定さが行動に表れる
○二次障害：非社会的行動，反社会的行動，身体症状（チック，爪噛み，抜毛…）など

【情緒面への対応策】
○早めの気付き，声かけ，教育相談…
○スクールカウンセラー等との連携

4 担任1人では，がんばりきれない

　学校は学習だけではなく，社会的スキルの獲得や自己実現へのはぐくみなど，まさしく社会性の発達そのものを教育する場としての役割も果たしています。本来ならば家庭教育が担ってきたことも，学校に期待されているのが現状です。保護者には，「学校に任せておけば，安心」という気持ちと「学校に任せたのに，裏切られた」という相反する気持ちがあり，学校の対応がうまくいかないと，「学校は何をしている」「担任を変えろ」など極端な苦情になってしまうこともあります。

　保護者からの，過度な要求や苦情が度重なるときは，担任が1人で対応することのないよう，あらかじめ学校としての対応策を以下のような視点で決めておくことが肝要です。

【対応窓口】
○管理職（校長，教頭）対応
○特別支援教育コーディネーター対応
○各分掌担当者対応
○担任対応…　　　　　　　　　　　など
　相手や状況に応じて対応窓口を決める。コーディネーターを中心に担任をサポートする対応が望ましい。困難ケースでは管理職対応も必要

【対応人数】
○複数対応（担任を孤立させない）
○状況に応じて人数を決める（多すぎると威圧感を与え，反発を招く）
○人数が多くなりそうな時は，「面談」「懇談」よりも「ケース検討会議」にする方が，対決姿勢を避けられます

【対応場所】
○校長室（威厳はあるが，保護者は「呼びつけられた」と感じやすい）
○職員室（落ち着かないが，気軽）
○相談室など（小さめの部屋が最適）
　対応場所や参加人数にもよりますが，相手や状況に応じて複数の場所を確保しておきます。座り方も，対面式では堅くなりがちです。お互いが見える円卓方式も工夫してみましょう。

【困難ケース対応時の配慮点】
○学校体制で，複数対応が原則
○学校対応は関係者の歩調を合わせる
○対応は，時間の目処を先に決めてから
○私用のアドレスや番号は知らせない
○時系列で記録をとる
○障害名に類することは口にしない
○曖昧表現は避け，手短かに要点を伝える
○話がそれないよう，時々確認する
○確認事項は，相手の言葉を使って
○「できること」「できないこと」は，明確に伝え，何度も変更しない
○解決を急がず，次回へつなぐ

ワンポイントアドバイス

○コーディネーターとして「クレーマー」「モンスターペアレンツ」という言葉を使わない対応を心がけましょう
○保護者の思いや意向を真摯に受け止めた誠意ある対応が基本ですが，保護者対応に疲弊している担任への支援も役割の1つです

第5章

デキる特別支援教育コーディネーターからの事例報告集

1　小学校からの事例報告

北海道恵庭市立柏小学校　教諭　村田敏彰

特別支援を「身近で有効なもの」と実感してもらうために

　特別支援教育への転換によって通常学級に在籍する子どもが支援対象に加わりました。支援体制が機能するためには通常学級の先生方に特別支援教育を「身近で有効なもの」と実感してもらうことが大変重要だと考えます。その実現に向けて、小学校における課題を踏まえ、いくつかの取り組みをしてきました。

1　シンプルで「受けの広い」対象基準

　まず、対象基準を発達障害の診断の有無にとらわれず、「気になる」または「困っている」児童とシンプルに押さえ「受けを広く」しました。そのため対象児童がかなり多くなりましたが、3つの効果がありました。

　1つ目は早期の支援につなげられたことです。小学生は発達段階として「つまずき」が比較的見えやすいものの、さほど珍しいことでもないため「もう少し様子を見れば大丈夫かもしれない」と判断に迷うことがあります。でも、つまずきの小さいうちに「気にかけ」たり、少しの「配慮」や「サポート」をしたことでつまずきの軽減につながったケースが多くありました。そのため、学年が上がるにつれて優先度が下がり「経過観察」として支援対象から外れる子どもも多くいます。このように、とりあえず「心配」してみて、それが「取り越し苦労」に終わってくれたら何よりです。逆に「気にかけなかった」ために二次障害等、重大なつまずきに至ってしまった場合の支援にかけるエネルギーや、何よりその間の子どものつらさを考えると、これは大変重要だと言えます。

　2つ目は緊急性の高くない子どものことも担任と話題にできるので「対象児童には特別なことをしなければいけない」という担任の抵抗感や負担感を軽減し「気軽に相談してもよいのだ」と「特別支援」を身近なものにすることができたことです。通常学級では「この子は障害が『ある』のか『ない』のか」「それとも『なまけ』『わがまま』なのか」という戸惑いはまだまだ見られます。でも理論だけではなく「肌で感じる」機会を増やすことが啓発につながるのだ、と感じています。

　3つ目は過去の小さな気付きやサポートの跡が、数年後に役に立ったという点です。「つまずき」が見えなくなったからといって、今後も何も起きないとは限りません。小学校は6年間と長いため、学級編制や担任の交代でかつてのつまずきが再び現れることもあります。現在の安定は本人の成長によるものなのか、本人に合った支援や環境に適応しているからなのか、本当に今後もサポートなしで大丈夫なのかは、見極めが難しいです。「受けを広く」したことで、つまずきの再発を防ぐサポートがしやすくなりました。

2　詳細な情報収集による実態把握

　適切な支援には様々な角度からの見立て（情報）に基づく実態把握が重要と考え、可能な限り情報収集をしました。子どもの見立

てが学校・家庭・関係機関で異なることはよくありますが，校内でも担任，TT，支援員，図書司書などスタッフによって違います。それらを全て活用し，より精度の高い"○○さん像"に仕立てたことが効果的な支援につながりました。学校と家庭での行動の違いから「どっちが本当の○○さんなのか」で担任と保護者が衝突したケースがありました。でも，色々な情報があることで「どの姿も○○ちゃんである」と理解することができ，さらにそれは「活動や場面によって行動は変わるものだ」という"共通認識"へと変わり，関係者間の対立を解消することができました。

　なお，特別支援教育支援員の情報は特に参考になりました。支援員は担任とは違った角度から子どもの様子を見るので，一斉指導をしながらでは見つけづらい子どものつまずきや良さといった，貴重な情報を数多く持っています。ですから支援員とは毎週ミーティングを実施し，絶えず実態把握に努めています。

3　保護者との密接な連携

　発達段階的に小学生は保護者の影響力が大きく，保護者は支援チームの重要な一員です。そこで保護者とのミーティングを盛んに行うようにしています。学校と家庭が対等な立場で「作戦会議」的になることが理想です。顔を合わせて交流することで初めて得られる情報（特に保護者の本音）収集や信頼関係の構築など，毎回その効果を実感しています。締めの言葉には必ず「何かあったらではなく，何もなくてもまた集まりましょうね」と，気軽に何度も集まれるよう呼びかけています。

4　将来を見据えた支援目標の設定

　学習の遅れがあるにもかかわらず，高校進学や就労はまだ先の話，と教室内の「お客さん」になり続けていたり，逆に「そんな行動は社会じゃ通用しない」「できないと将来困るから」と，子どもの状態像と明らかにかけ離れた高い目標を強いて，二次障害のリスクが高まったケースがありました。このように将来像が"ピンと来づらい"点は小学校の泣き所だと思います。保護者・担任と共に長期的な展望に立ち，将来像から逆算して短期的な目標を立てる，といった基本原則を今一度確認しながら話し合いを進めてきました。

5　子どもと支援者をつなぐ

　子どもと担任，子どもと保護者の間に深刻な確執が生じ，話し合いの前にまず両者の仲裁を要したケースがいくつかありました。特に低学年では意思表示が上手でなかったり，極度に萎縮する場合も多く，子どもの行動・言動の意図や因果関係を説明して関係改善を図りました。コーディネーターは支援者間の連絡調整役と言われますが，子どもと支援者の連絡調整役でもあるのだなと感じました。

　先生方に特別支援教育を身近に感じてもらい，そして支援体制が機能するために，コーディネーターはただ「つなぐ」「伝える」だけの連絡調整ではなく，関係者の意図を適切にくみ取ったり，時にはそれらを適切に言語化して相手に伝えたり，補足説明しながら理解を促す，などといった「つなぐ」上での工夫や配慮が必要だと感じました。それらを今後も一層追求していきたいと考えています。

2　中学校からの事例報告

北海道函館市公立中学校　教諭　楢原永都子

中学校のいいところさがし　～校内資源の発掘～

小学校で特別支援教育コーディネーターを5年勤めた後，中学校でも特別支援教育コーディネーターを継続し，3年目となります。小学校との違いを感じつつ，中学校だからこそできるコーディネーションの形を模索しているところです。

1　校内資源の発掘

中学校に来て，1年目に行ったことは，校内資源の発掘でした。特別支援教育の推進のために，現在学校にある資源を有効に生かしたいと考えました。

中学校の場合は，教科担任制の良さがあります。一人一人の生徒に全員が熱心に関わっていました。チーム支援の下地としてふさわしい土壌ができていました。

また，地域の大学の先生が「一週一人一時間の提供」を呼びかけられ，時間割の中に個別対応の生徒のために1人1時間，全教員に個別支援のための時間が組み込まれていた実績がありました。

校内には個別支援に使える部屋が2種類もあり，教室に入ることができない生徒が実際に登校してきていました。そのうちの1人について，「支援会議」を開き，新設された特別支援学級へ通級する方策を考え，通常学級に在籍のまま高等支援学校への進学のサポートを受けることになりました。

2　重点課題を2点にしぼって「見える化」

特別支援教育は，担任1人のサポートではなく，システムによるサポート体制づくりでもあります。誰にでもわかりやすいシステムでなければなりません。

2年目，特別支援教育体制を整えるためには，他校の成功モデルを導入するよりも，今ある資源を使って，総意をもとにによりよいシステムにつくり上げたほうがうまくいきそうだと考えました。

そこで，校内の特別支援委員会のメンバーに，校内支援体制の課題を聞き取りました。符箋紙1枚に意見を1つずつ書いていき，100枚を超える様々な意見が出ました。それらを模造紙に貼って，スクールカウンセラーの助言をいただきながら，KJ法でまとめていきました。

出てきた意見の多くは，システムが共通理解されていなかったことからくるわかりにくさでした。そこで，重点課題を「システムの明確化」と「支援場所やルートの明確化」の2点にしぼりました。そして，文章ではなく，図示して全教職員に明確に伝えることにしました。

3　中学校の強みを生かしたシステム
　　～チーム支援～

学校の体制づくりには，理論的根拠も必要です。文部科学省から出されたガイドラインの策定協力者である石隈利紀先生の提唱する

「学校心理学」をベースに，現在行っている校内の支援を整理して図式化するとともに，チームによる支援体制を始めました。

中学校は，学年がチームとして生徒の支援に当たることが多いと思います。今まで行われていた中学校ならではの強みを，学校心理学の理論をもとに，特別支援教育システムとして整理してみました。

そのシステムが，生徒と教師のために稼働しやすくするための工夫を加えました。コーディネーターの役割分担もその1つです。

(1) 学年主任が学年コーディネーターに

今まで，担任が個別支援の生徒の連絡調整や保護者との対応を担っていました。それを代表コーディネーター（1名）と学年コーディネーター（3名）で役割分担することにしました。

① 保護者対応

担任と保護者の関係を良好に保つため，学年コーディネーターが同席し，校内委員会としての対応を伝える役割としました。

② 個別支援体制の連絡調整

個別支援の必要な生徒について，他の教師との連絡調整役を学年コーディネーターが行い，担任の教師は実際の生徒の支援に集中できるように負担を軽減しました。

③ 管理職への報告

管理職や代表コーディネーターへの連絡も担任から連絡を受けた内容を学年コーディネーターが伝え，担任からではなく，校内委員会を通して，全教職員へ支援内容が伝わるようにしました。

(2) 代表コーディネーターの役割

① 外部専門機関との連絡調整

内容によって，教頭と代表コーディネーターが担うことにしました。

② 情報発信

チーム支援，情報共有のための資料作成も代表コーディネーターの役割としました。障害に応じた配慮や支援，また，支援会議や校内委員会の直後に共有したい情報を全教職員に発信します。

③ ファシリテーション

各学年のチーム支援体制を推進したり，支援会議自体の進行役となります。チーム支援を行うためには，ファシリテーションの技術も必要です。巻き込みたい人の量，人の質，推進状況の声かけのタイミングなど工夫が必要です。

4 これからの課題

3年目の今年は，課題として残っていた学習への支援が全校的に進められています。管理職からも「学校がチーム！」との呼びかけがあります。

課題解決の鍵は，生徒自身の中にあることを肝に銘じ，一人一人の生徒のできることから始め，傾聴と観察を怠らず，チームで生徒を支援していくシステムをより充実させていきたいと考えています。

3 高等学校からの事例報告

市立札幌大通高等学校　養護教諭　渡辺　千鶴
　　　　　　　　　　　　教諭　坪内　宣

定時制高校の特別支援教育コーディネーターとして必要なこと

はじめに

　市立札幌大通高等学校（以下，「大通高校」とする）は，「中学校時代に不登校を経験した生徒や高等学校を中途退学した経験のある生徒，発達上の課題を抱える生徒など，学習歴が異なる多様な学習ニーズをもった生徒が，高等学校教育を希望する状況にある」ことを踏まえ，2008年度（平成20年度）4月に，単位制や午前部・午後部・夜間部の三部制を取り入れた新しいタイプの定時制高校として開校した。

1　生徒の現状を出発点とし，ニーズをとらえた支援体制を構造化し推進する

　大通高校は現在開校6年目を迎え，入学者の中には，高校中退者や不登校経験者，精神科受診歴のある生徒，発達障害の特性のある生徒，集団への不適応感の強い生徒など，様々な困難や多様な学習ニーズのある生徒が含まれている。

　大通高校が開校初年度に，特別支援教育体制を構築するに当たっての考え方として「特別支援教育とは，障害の有無や診断の有無ではなく，その子の抱える困り感に気付き，理解し，課題を解決するための支援をすることである」と押さえ「全ての生徒を支援の対象」と捉えた。また，自立・社会参加に向けて「生徒の健康問題の解決や，学習・生活上の困難を克服するための支援を行う」ことを目的として推進してきた。これらの考え方の基本は「生徒の実態」からスタートしている。

　高校に校内特別支援教育委員会の設置や特別支援コーディネーターの任命が導入されたのは，小中学校よりも遅く，本校開校の前年度であったため，開校1年目は生徒の実態の把握とともに，「特別支援とは何か」について校内研修会を企画し，教職員の共通理解を図ることに力を注いだ。また，様々な調査やアンケート，日常の学習状況から，本校生徒の多数が教育的支援を必要としていることが明らかになった。さらに，生徒の実態をエビデンスとし，3年目には校内特別支援教育委員会は，保健支援部という独立した分掌になり，Coの複数配置を実現した。また，石隈(1999)の学校心理学の理論を援用した今西(2008)の支援レベルを「予防的支援」「発達／適応への支援」「問題解決への支援」と3段階に構造化した。

　このように，校内支援体制は年を追うごとにマンパワーが充実し現在に至っている。

2　中学校や関係機関との引き継ぎを体制化し，支援の継続性を図る

　開校3年目からは，入学者選抜試験において合格した生徒のいる中学校長あてに，本校の学校長名で引き継ぎ依頼文書を送付し，中学校との情報交換を行ってきた。また今年度からは，入学前の保護者相談日を設定したところ，表1のような相談件数があった。

表1　引き継ぎ・保護者からの相談件数

項目	中学校からの引き継ぎ(%)…94件中	保護者からの相談件数(%)…14件中
不登校	55	13
発達障害	18	11
身体の問題	7	10
精神疾患	5	4
家庭の問題	5	1
行動面	2	—

（平成25年度入学生より）

相談は，保健支援部のCoが中心に担当することによって，生徒の学習歴や相談歴，背景理解に基づいた校内支援体制を早期に構築することができるようになった。

「中／高／特コーディネーター情報交流会」を通して見えてきた中高連携の課題

【Question1】
支援が必要な生徒について，中高連携は必要でしょうか。

項目	中学校(%)	高校(%)
とても必要	47	54
必要	47	46
わからない	6	0
必要ない	0	0

【Question2】
今後の中高の連携（情報交流）の可能性を考える時，課題はなんでしょうか。

回答の多かったカテゴリー

- 高校入試の問題
- プライバシーの問題
- 支援の継続性の問題

（2012.10.1実施の中・高・特コーディネーター交流会より）

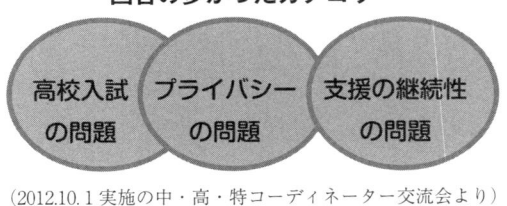

図1　「中・高・特コーディネーター情報交流会」を通して見えてきた中高連携の課題

しかし，図1に示すように，依然として中学校側には引き継ぎに対する抵抗感が根強いことがうかがえる。

また，高校の支援体制はまだまだ学校によるばらつき・教師間の温度差があることは否めない。高校としても学校説明会や学校訪問を有効に活用し，高等学校の支援体制や生徒の姿を中学校にフィードバックするなど，伝える努力をすることも高校のCoの仕事の1つであると考える。

3　外部支援者との連携をコーディネートする

大通高校はSC（スクールカウンセラー）やCC（キャリアカウンセラー），SSW（スクール・ソーシャルワーカー）など多くの外部専門機関と連携しながら生徒への支援を行っている。しかし，教師の「気付き」には温度差もあり，1200名を超える生徒がいると，支援の必要な生徒の問題が表面化せずに埋もれてしまう危険性が否めない。そこで，カウンセリング以外でも各年次・部ごとにSCやCC，福祉の専門家などを含めたメンバーで定期的に「生徒情報交流会」を行い，より適切な支援の在り方を検討する場を設けている。その結果，Coは専門家の意見を担任や校内の関係分掌と調整したり，保護者との調整をすることが大きな仕事となっている。

最後に

このように，安心できる環境の中で得られる安心感や帰属感，寄り添った支援を通して得られる心の居場所を生徒が大通高校に対して感じてくれることや，さらには社会での自立へ向けての一歩を踏み出すことを願っている。

［文献］
石隈利紀（1999）：学校心理学．誠信書房
今西一仁（2008）：生徒サポート部で日常的な校内連携とチーム支援．月刊学校教育相談22(1)，32-39

4　特別支援学校からの事例報告

北海道函館養護学校　教諭　三浦友和

特別支援学校が「つなぐ」特別支援教育

1　パートナー・ティーチャー派遣事業

北海道では，地域の小・中学校，高等学校等へ特別支援学校のコーディネーターを派遣する「パートナー・ティーチャー派遣事業」を展開しています。筆者の勤務する北海道函館養護学校でも，専任のコーディネーターを道南地域の学校を中心に派遣しています。北海道は広大ですから，片道100kmを超える学校を訪問することも珍しくありません。函館市近郊の地域であれば，相談機関や医療機関も充実していますが，都市部を離れてしまうと，本人や保護者はもちろん，学校が気軽に相談できる場所が見つかりません。ですから，地域にとって，特別支援学校のコーディネーターが年数回訪問する「パートナー・ティーチャー派遣事業」は貴重な相談・研修の機会となっています。本校は，肢体不自由のある児童生徒を対象とした特別支援学校ですが，派遣依頼の内訳は発達障害や学習に遅れのある児童生徒の相談が大部分で，年間延べ100ケースを超える事例に関わっています。

2　派遣先の学校の先生方を「つなぐ」

派遣先の学校の先生方の主訴は様々です。児童生徒の実態把握に苦心されているケース，支援の目標や手立ての設定に困っている場合，さらには，保護者との関係構築で悩んでいる先生も多くいます。このようなニーズに応える中で，特別支援学校のコーディネーターの役割は大きく2つあるように思っています。

1つは，特別支援教育の様々な専門性を通常の学校の先生方に伝えることです。

例えば，ICFを活用した児童生徒の実態把握の方法や行動分析の考え方，心理アセスメントによる得意な認知様式を活用した指導の在り方などです。これらのことを先生方に伝えていくと，訪問のたびに，先生方の子どもたちへの関わり方が変化し，少しずつ子どもを取り巻く環境が変わっていきます。しかし，このような先生方の取り組みがどんなに素晴らしいものであっても，学校内に広がっていかないことがよくあります。また，進級して担当の先生が変わると，それまでの支援や指導が途切れてしまうこともよくあります。

そこで，もう1つの役割として，校内の先生方を「つなぐ」ことが重要となります。各学校が特別支援教育を推進していくためのデザインを描くのは，基本的には，特別支援教育コーディネーターです。しかし，実際にはどのように推進していったらよいのか悩んでいる先生方がたくさんいます。派遣先では，しばしば担任と特別支援学校のコーディネーターの2人だけの懇談が設定されます。そこで，学級担任等と懇談をもつ場合には，できる限り複数の先生方，特に管理職にも同じテーブルについてもらい話を聞いてもらうことをお願いしてきました。特別支援学校のコーディネーターが潤滑油となり，学校全体を巻き込みながら取り組みを進めていくと，以前は「専門家が担当者だけにアドバイスをす

る」という姿勢から、「まず自分たちで議論し、疑問が出てきた部分についてアドバイスを求める」という姿勢へと変化していきました。

3　地域の学校を「つなぐ」

　本校の派遣先の大部分は小学校ですが、ここ数年、小学校で支援してきた子どもたちの進学先である中学校や高等学校からの派遣依頼が増えてきました。一方で、子どもの実態が進学先に適切に伝わっていなかったり、これまでの指導や支援がうまく引き継がれていなかったりする事例に出会うことも多くなってきました。そこで、道南地域の特別支援学校8校のネットワークを生かし、より地域に密着し、円滑な学校間の接続や、支援の継続性を支えるために、担当する市町村を割り当てることにしました。こうした体制に変えたことによって、同地域の小学校と中学校を支援する特別支援学校が同一となり、進学先でも継続して支援できるようになりました。

　今まで、同じ校区の小学校と中学校が、特別な教育的ニーズのある子どもの支援体制や指導の仕方について相互に交流し合うことは、ほとんどありませんでしたが、担当地域を明確にしたことで、校区の小学校訪問の際、進学先の中学校のコーディネーターにも来てもらい、小学校での指導や支援の状況を見てもらうことが可能となりました。このように、特別支援学校が地域に出向いて学校をつなぎ、異校種間の交流の機会をつくることによって、指導・支援の連続性を確保するための接着剤としての役割を果たすことができるようになったと思います。

　特別支援教育においては、子どもたちのライフステージに沿った幼小中高の連携を図ることが求められています。しかし、実際には特別支援教育に限らず、幼小中高の接続は必ずしも円滑に行われているとは言えません。こうした状況の中、「地域の学校をつなぐ」取り組みは「学校の中の教職員をつなぐ」取り組みと同じように、特別な教育的ニーズのある子どもたちに対する指導・支援の連続性を保障していく上で、極めて重要であると考えています。

4　地域にとってのパートナーとして

　特別支援教育は、これまで行政が中心となって、特別支援教育コーディネーターの配置や個別の教育支援計画の作成と活用、特別支援教育連携協議会の設置等、制度やシステム、ツールの整備が進められてきました。今後はそうしたシステムの下で、各種ツールを活用するための先生方への支援がますます重要になります。先生と先生をつなぎ、学校と学校をつないでいくことで、特別な教育的ニーズのある子どもたちの指導内容・方法等、ソフト面のネットワークが構築され、地域の特別支援教育を強力に推進していく原動力になると確信しています。さらに、次の段階としては、教育のみならず福祉やその他の関係機関との連携促進のための方策も考えていかなければいけません。私は特別支援教育コーディネーターとして、これからも人や機関を「つなぐ」役割を果たし、「助言し、助言される」関係ではなく、"地域にとってのパートナー"として、地域の学校の先生方、地域で育つ子どもたちのために協力をさせていただきたいと考えています。

【執筆者紹介】（五十音順）

青山　眞二　北海道教育大学札幌校
　　　　　　第2章　Lesson 1
五十嵐靖夫　北海道教育大学函館校
　　　　　　第2章　Lesson 2，第3章　ワークショップ3
小野寺基史　北海道教育大学　教職大学院
　　　　　　第1章，第2章　Lesson 3，第3章　ワークショップ1，2
前野紀惠子　札幌大学非常勤講師，札幌市教育委員会特別支援教育巡回相談員
　　　　　　第4章

【事例報告・共同執筆】

奥寺　綾子（北海道星置養護学校）第2章　Lesson 2-7，2-8
坪内　　宣（市立札幌大通高等学校）第5章
楢原永都子（北海道函館市公立中学校）第5章
三浦　友和（北海道函館養護学校）第5章
村田　敏彰（北海道恵庭市立柏小学校）第5章
渡辺　千鶴（市立札幌大通高等学校）第5章

イラスト／菅原　清貴

【編著者紹介】

小野寺基史（おのでら　もとふみ）
1956年　北海道生まれ。北海道教育大学札幌校養護学校教員養成課程修了
札幌市の小学校教諭，教頭，札幌市教育委員会指導主事，札幌市教育センター教育相談担当課長を経て，現在，北海道教育大学教育学研究科教職大学院准教授。学校心理士，S.E.N.S－SV（特別支援教育士スーパーバイザー）
著書：『「精神薄弱教育実践講座CROIRE」第8巻第4章』（分担執筆，日本文化科学社）『長所活用型指導で子どもが変わる，同Part 2』（分担執筆，図書文化），『特別支援教育のための「ちょいテク」支援グッズ36』（分担執筆，明治図書），『発達障害児へのピンポイント指導』（編著，明治図書）

青山眞二（あおやま　しんじ）
1955年　北海道生まれ。筑波大学大学院修士課程教育研究科修了
山の手養護学校つぼみ小学部分校，札幌市新琴似北中学校教諭を経て，現在，北海道教育大学札幌校教授
著書：『K－ABCアセスメントと指導』（分担執筆，丸善メイツ），『特殊学級の授業入門・5』（分担執筆，明治図書），『長所活用型指導で子どもが変わる，同Part 2』（編著，図書文化），『発達障害児へのピンポイント指導』（編著，明治図書）

五十嵐靖夫（いがらし　やすお）
1959年　北海道生まれ。北海道教育大学大学院教育学研究科修士課程修了
山の手養護学校つぼみ中学部分校，美香保中学校他2校の教諭を経て，現在，北海道教育大学函館校教授，S.E.N.S－SV（特別支援教育士スーパーバイザー）
著書：『長所活用型指導で子どもが変わる，同Part 2』（分担執筆，図書文化），『WISC－Ⅲアセスメント事例集―理論と実際―』（分担執筆，日本文化科学社），『発達障害児へのピンポイント指導』（編著，明治図書），『〈特別支援教育の授業づくり〉「社会とかかわる力」を育てる！6つの支援エッセンス』（編著，明治図書）

デキる「特別支援教育コーディネーター」になるための30レッスン＆ワークショップ事例集

2014年3月初版第1刷刊　Ⓒ編著者　小野寺　基史
2022年1月初版第12刷刊　　　　　青山　眞二
　　　　　　　　　　　　　　　　五十嵐　靖夫
　　　　　　　　　発行者　藤原　久雄
　　　　　　　　　発行所　明治図書出版株式会社
　　　　　　　　　　　　　http://www.meijitosho.co.jp
　　　　　　　　　（企画）佐藤智恵（校正）関沼幸枝
　　　　　　　　　〒114-0023　東京都北区滝野川7-46-1
　　　　　　　　　振替00160-5-151318　電話03(5907)6704
　　　　　　　　　ご注文窓口　電話03(5907)6668
＊検印省略　　　　組版所　中　央　美　版

本書の無断コピーは，著作権・出版権にふれます。ご注意ください。

Printed in Japan　　　　　ISBN978-4-18-108718-0

＜特別支援教育＞ 学びと育ちのサポートワーク

好評シリーズ

1 文字への準備・チャレンジ編

●加藤　博之著　　0874　　B5判・120ページ／本体 2060 円+税

文字学習開始期のスモールステップな学習ワーク集。つまずく子どもへの手立てや関連した学習活動等、詳しい解説付き。

＜内容＞ 線なぞり・点結び／迷路／ぬり絵／簡単な形の模写／絵画完成／形・絵のマッチング／仲間集め／文字を探す／他全 86 ワーク

2 かずへの準備・チャレンジ編

●加藤　博之著　　0875　　B5判・118ページ／本体 2060 円+税

かず学習開始期のスモールステップな学習ワーク集。つまずきやすい課題は特に少しずつ変化させた多彩なワークを収録。

＜内容＞ いろいろな線に親しむ／同じ形をさがす／ぬり絵／模写ワーク／形の順番の迷路／大きさを比べる／一対一対応／他全 81 ワーク

3 国語「書く力,考える力」の基礎力アップ編

●加藤　博之著　　0876　　B5判・130ページ／本体 2200 円+税

国語学習の基礎的な書く力、考える力を育てる学習ワーク集。知識の獲得や増大だけでなく、イメージする力を育てます。

＜内容＞ カタカナで書こう／どこかたりないね／しりとりを作ろう／ことばの仲間集め／文を完成させよう／反対ことば／他全 85 ワーク

4 算数「操作して,解く力」の基礎力アップ編

●加藤　博之著　　0877　　B5判・128ページ／本体 2260 円+税

算数学習につまずきのある子のためのスモールステップな学習ワーク集。算数の初期学習でつまずきがちな 10 の領域で構成。

＜内容＞ 数の合成・分解／いろいろな文章題／絵をかいて考えよう／お金の計算／いろいろな数え方／形に慣れよう／線の長さ／他全 85 ワーク

明治図書　携帯からは**明治図書 MOBILE** へ　書籍の検索、注文ができます。
http://www.meijitosho.co.jp　＊併記 4 桁の図書番号（英数字）でHP、携帯での検索・注文が簡単に行えます。
〒114-0023　東京都北区滝野川 7-46-1　ご注文窓口　TEL (03)5907-6668　FAX (050)3156-2790

＊価格はすべて本体価格表示です。

自立をかなえる！
特別支援教育 ライフスキルトレーニング実践ブック

0009・A5判・1800円+税

梅永雄二　編著

私たちが滞りなく日常生活を過ごす上で必要なライフスキルが苦手な発達障害の方が多くいます。本書では，生活・健康管理・余暇・異性とのつきあい・お金の使い方・ケータイ＆ネットへのアクセス・障害理解・公共マナーなどについて学べる指導事例をご紹介しました。

はじめての「通級指導教室」担当BOOK
Q&Aと先読みカレンダーで早わかり！ 通級指導教室運営ガイド

1084・B5判・2360円+税

笹森洋樹・大城政之　編著

本書は，はじめて通級指導教室の担当になられた先生に，「とりあえずこの1年，頑張ってみよう！」と思っていただけることをねらってまとめました。
はじめに身につけておきたい必須知識，先を見通すための12か月の流れ，そして通級先輩からのアドバイスで応援しています。

明治図書　携帯・スマートフォンからは　明治図書ONLINEへ　書籍の検索、注文ができます。
http://www.meijitosho.co.jp　＊併記4桁の図書番号（英数字）でHP、携帯での検索・注文が簡単に行えます。
〒114-0023　東京都北区滝野川7-46-1　ご注文窓口　TEL 03-5907-6668　FAX 050-3156-2790

＊価格は全て本体価表示です。

タブレットPCを教室で使ってみよう！

[実践] 特別支援教育とAT アシスティブテクノロジー

目が見えづらかったらメガネをかけるように、学習や生活上の困難を支える支援機器を使ってみませんか。
急速に普及が進み、誰にとっても便利な情報機器を有効に使うための活用のコツを実践とともに紹介しています。

第3集
1176・B5判・1800円+税
金森 克浩・梅田 真理 編

特集 学習のユニバーサルデザインにATを活用しよう

ミニ特集 どうなる?!電子教科書の行方―調査研究最前線―

第2集
0576・B5判・1800円+税
金森 克浩 編集代表

特集 携帯情報端末が特別支援教育を変える

第1集
0376・B5判・1860円+税
金森 克浩 編集代表

特集 はじめてのAT入門
～VOCAとシンボル＊使い方のコツ～

明治図書　携帯・スマートフォンからは **明治図書ONLINE** へ　書籍の検索、注文ができます。
http://www.meijitosho.co.jp　＊併記4桁の図書番号（英数字）でHP、携帯での検索・注文が簡単に行えます。
〒114-0023　東京都北区滝野川7-46-1　ご注文窓口　TEL 03-5907-6668　FAX 050-3156-2790

＊価格は全て本体価格表示です。

勤労観・職業観がアップする！
キャリア教育を取り入れた特別支援教育の授業づくり

上岡　一世 著
【0599・A5判176頁・2300円＋税】

特別支援教育・キャリア教育の決定版！

「人生の質の向上」をキーワードに今までの教育を指導内容、方法、授業改善の視点で見直してみませんか？それがキャリア教育を取り入れた特別支援教育です！長年、障害のある子の就労支援にかかわってきた著者がまとめた「キャリア教育」の具体的実践と効果です。

もくじ
- 第1章　特別支援教育とキャリア教育　1　特別支援教育とキャリア教育の統合　2　特別支援教育の意味,方向性の理解　他
- 第2章　キャリア教育と教育課程　1　今までの教育とこれからの教育　2　日常生活の指導の見直し　他
- 第3章　キャリア教育を取り入れた実践　1　指導・訓練から支援への転換　2　量から質への転換　他

こんなときどうする?!
友だちと仲よくすごすための スキルアップワーク
― 発達障害のある子へのソーシャルスキルトレーニング ―

【0525・B5判128頁・2360円＋税】
西岡有香 編／落合由香・石川聡美・竹林由佳 著

友だちが失敗して負けた，仲間に入れてほしい，いやなことを言われた，など場面に応じて友だちと仲よくすごす方法を学ぶワーク集です。神戸YMCAで実践を重ねたソーシャルスキル指導で，子どもに合わせた配慮や指導上の留意点を丁寧に解説，明日からの授業に生きる1冊になっています。

もくじ
1. ゲームで負けた
2. ゲームで負けそうだ
3. ゲームで勝った
4. 友だちが失敗して負けた
5. 自分ばかりやって，交代しない
6. 他の人があてられたのに，自分が答えを言ってしまう
7. 話したいことがあるのに，友だちはちがう話をしている
8. 友だちのことを「こんなことも知らないのか」と思った
9. 「まちがっているよ」と言われた
10. 友だちが約束の時間におくれてきた

ほか

明治図書　携帯・スマートフォンからは **明治図書ONLINE へ**　書籍の検索、注文ができます。
http://www.meijitosho.co.jp　＊併記4桁の図書番号（英数字）でHP、携帯での検索・注文が簡単に行えます。
〒114-0023　東京都北区滝野川7-46-1　ご注文窓口　TEL 03-5907-6668　FAX 050-3156-2790

＊価格は全て本体価表示です。

特別支援教育 ケースで学ぶ！
保護者との いい 関係づくり

【0583・A5判・2160円＋税】

吉本 裕子 編著

ちょっと気になる子がクラスにいたら，親にどう伝えますか？ 子どものやりにくさについて親から相談があったら，何と答えますか？ 保護者との関係に悩む若い先生のために，保護者とチームを組んで子どもを育むための術を10の鉄則と29のケースにまとめました。

もくじ
- 第1章 知っておきたい！保護者対応の心構え
- 第2章 ここが重要！保護者対応への鉄則10
- 第3章 ケースで学ぶ！困っている子の親との連携ポイント
  - ケース1 教育相談や通級による指導をすすめてもなかなか気がすすまない親
  - ケース2 習い事はよくでき，学校での離席や教室飛び出しが信じられない親
  - ケース3 できないのは学校のせい！ととりあってくれない親 他

特別支援教育の視点で 授業改善！
…通常の学級で生きる指導アイデア＆授業者支援…

【0573・B5判・2000円＋税】

吉本 裕子 編／小平市立鈴木小学校 著

授業の流れをホワイトボードに記入したら，授業の構成と配分がしやすくなりました。
指導案に視覚・聴覚・運動感覚的手立てを持ち込めば，一人ひとりの子どもを深く見取れるようになりました。
通常の学級に特別支援教育の視点を取り入れれば明日から授業が変わります！

もくじ
- 第1章 特別支援教育で変わる！10の挑戦
- 第2章 特別支援教育の視点でできる指導アイデア
  - 1 マジックノートの活用／2 話し方・聞き方名人になろう 他
- 第3章 明日からの授業をイキイキさせる！授業＆授業者支援
  - 【体育】1年 表現リズム遊び「表現遊び」「リズム遊び」 他
  - 【国語】2年 友達にわかるように話そう「あったらいいな，こんなもの」 他

明治図書　携帯・スマートフォンからは 明治図書ONLINE へ　書籍の検索、注文ができます。
http://www.meijitosho.co.jp　＊併記4桁の図書番号（英数字）でHP、携帯での検索・注文が簡単に行えます。
〒114-0023　東京都北区滝野川7-46-1　ご注文窓口　TEL 03-5907-6668　FAX 050-3156-2790

＊価格は全て本体価表示です。